Quinta-
-feira

Quinta-feira

ANDRÉ LUÍS

Quinta-feira © André Luís 04/2022

Edição © Crivo Editorial, 04/2022

Edição e Revisão: Amanda Bruno de Mello

Capa: Inari Jardani Fraton e Fábio Brust - Memento Design & Criatividade

Projeto gráfico e diagramação: Luís Otávio Ferreira

Coordenação Editorial: Lucas Maroca de Castro

Dados Internacionais de Catalogação na Publicação (CIP) de acordo com ISBD

L953q	Luís, André
	Quinta-feira / André Luís. - Belo Horizonte, MG : Crivo Editorial, 2022.
	208 p. ; 13,6cm x 20,4cm.
	Inclui índice.
	ISBN: 978-65-89032-35-9
	1. Literatura brasileira. 2. Crônicas. 3. Poemas. I. Título.
	CDD 869.89928
2022-1004	CDU 821.134.3(81)-94

Elaborado por Odilio Hilario Moreira Junior - CRB-8/9949

Índice para catálogo sistemático:
1. Literatura brasileira : Crônicas 869.89928
2. Literatura brasileira : Crônicas 821.134.3(81)-94

Crivo Editorial

Rua Fernandes Tourinho, 602, sala 502

30.112-000 — Funcionários — Belo Horizonte — MG

🌐 crivoeditorial.com.br   📷 instagram.com/crivoeditorial

✉ contato@crivoeditorial.com.br   🌐 crivo-editorial.lojaintegrada.com.br

ⓕ facebook.com/crivoeditorial

À minha mãe, grande leitora, Regina Lúcia.
Depois de incontáveis livros que leu,
agora poderá ler o meu.

*Mas agora tenho vontade de dizer coisas
que me confortam e que são um pouco livres.
Por exemplo: quinta-feira é um dia transparente
como asa de inseto na luz.*

Clarice Lispector em *Água Viva*

13	AQUI
15	#TBT
17	PELO AVESSO
19	NÃO ADIANTA CHORAR PELO VINHO DERRAMADO
21	QUANDO NEM MESMO O AMOR É SUFICIENTE...
23	ERA UMA VEZ UMA RAINHA...
25	A CARTA QUE NUNCA CHEGOU
27	O AMOR É MEIO AMARGO
29	CORAÇÃO
31	MINORIA
33	RAIO DE SOL
35	TATUAGEM
37	TÔ TE ESPERANDO
39	DANÇANDO NA BEIRA DO ABISMO
41	SAUDAÇÕES, VÓ NENÊ
43	SINTA FALTA
45	TUDO FAZ SENTIDO, MENOS VOCÊ
47	COPO MEIO CHEIO
49	EM TEMPOS DE ÓDIO, ARME-SE DE AMOR!
51	SOLIDÃO
53	PIERROT APAIXONADO
55	MUITO POUCO
57	FELIZES PARA SEMPRE, MAS ATÉ QUANDO?
59	MENINA VINIL
61	JÁ ENGOLIU SEU ORGULHO HOJE?
63	NUDE

65	EU QUERO A SORTE DE UM AMOR RECÍPROCO
67	RAZÃO VERSOS EMOÇÃO
69	LUZES DA CIDADE
71	SILHUETA
73	O CORPO QUE FALA
75	NOTAS SOBRE ELE
77	A PORTA
79	EU SINTO MUITO
81	MEUS OLHOS TEUS
82	VOCÊ ACREDITA EM DESTINO?
84	ÀS VEZES A GENTE SÓ ESTÁ CANSADO
86	AMARELO
88	MINHA SOLIDÃO QUER TE VER
90	VAI FICAR TUDO BEM
92	RINITE
94	SOBRE COMEÇOS
96	BEM ME QUERO
98	PISCINA
100	CORAÇÃO APANHA, MAS TAMBÉM BATE
102	DIGITANDO...
104	A SUSTENTÁVEL LEVEZA DO SER
106	EM CARNE VIVA
108	VISUALIZOU E NÃO RESPONDEU
110	UM ESCRITOR EM CRISE
112	TEQUILA
114	SORTE

116	AMANHÃ
118	PERDIDO
120	RASCUNHO
121	PELA JANELA
123	O PARTO DA NOITE
125	CUIDADO: FRÁGIL
126	O VAZIO CHEIO DE SI
127	GIRASSÓIS DE VAN GOGH
129	RESSIGNIFICAR
131	PIPA
133	ÁGUA CONTIDA
134	ERA VIDRO E SE QUEBROU
136	SÓ NÃO REPARA A BAGUNÇA
138	A ÁGUA ESTÁ SALGADA?
140	VENTO
142	ÀS VEZES...
144	DO CAIS AO CAOS
145	É PRA VIAGEM?
147	VITROLA
149	À BEIRA DO ABSURDO
151	PRIORIDADES
153	ESTOU TENTANDO
155	SOSSEGO
157	É SOBRE SABER COMO FOI SEU DIA
159	SÓ É LEVE QUEM TEM ASAS?
160	PÉS CANSADOS TAMBÉM ANDAM

162	QUADRO
164	JORNADA
166	MENSAGEM VISUALIZADA
168	CINCO SENTIDOS
169	CLAVE DE SOL
171	NA DÚVIDA, FAÇA O BEM
173	É SOBRE ISSO
175	PRA FRENTE É QUE SE DANÇA
176	VOLTE DUAS CASAS
178	CALEIDOSCÓPIO
180	SE ESQUECE UM AMOR?
182	SENTIR
184	ÀS VEZES ESTÁ NOS DETALHES, SABE?
185	FORA DOS STORIES A HISTÓRIA PODE SER OUTRA
187	EXPECTATIVAS
189	QUAL É A TUA?!
191	E SE NÃO EXISTIREM ALMAS GÊMEAS?
193	IMPERFEITOS
195	ENQUANTO VOCÊ NÃO VEM
197	AMORES DORMEM, MAS NÃO MORREM
198	BASEADO EM CONTOS REAIS
200	INTERESSE ACABA?
202	ABRIGO
205	AGORA

AQUI

A qui você pode entrar de pés descalços. Deixa lá fora o chinelo, os pesos e as medidas. Se despe de tudo e entra de peito nu, de mente aberta e de alma livre. Vem. Segura minha mão a cada página lida. Faz deste livro porto seguro. Escolhe uma quinta-feira qualquer para começar a me ler. E quem sabe estas palavras também serão suas.

Aqui eu te mostro meu mundo e o mundo de tanta gente que pulsa com seus corações inquietantes. Como quem pula quando está feliz, como quem chora quando está triste, como quem ri de um meme na internet, como quem toma uma cerveja com os amigos ou um café da tarde em família, como quem maratona uma série, como quem coloca para ouvir a música favorita, enfim, como quem está vivendo o instante.

Aqui é exatamente o instante. Uma conversa de WhatsApp. Uma foto postada na praia. Uma ligação inesperada. Uma carta não enviada. Um beijo de boa-noite. Uma despedida. Um novo alguém. Um passo. Uma volta. Um piscar de olhos. Um abraço. Uma ausência. Um chamego. Um riso. Uma lágrima. Uma última dança. Um primeiro amor.

Aqui eu abro minhas asas e te acolho. Faz dos meus escritos aconchego. Como se o que eu tenho a falar fosse ao encontro do que você quer ouvir. Sentimentos que se afagam, pensamentos que conversam. Eu tenho tanto – mas tanto – a dizer que falar nunca foi o suficiente. Então escrevo.

Com afeto,

O AUTOR

#tbt

Engraçado. Sempre fui muito nostálgico, muito saudosista. Mas não sou muito adepto ao *#tbt*. Costumo dizer que sou um paradoxo e eis aqui mais um exemplo.

TBT – *Throwback Thursday* – algo como "quinta-feira do retorno". Mergulhar no passado, remexer o baú das selfies e poses e resgatar aquela foto que marcou algum momento. Publicar? Ok. Faz os likes subirem.

Não sei bem por que o *#tbt* me incomoda. Só sei que de alguma forma mexe comigo. Acho que o problema está em vasculhar o passado. Não que o passado seja ruim. Pelo contrário, às vezes é tão bom que você sente aquela nostalgia preencher o peito e… *boom*! Acabou. Num piscar de olhos sua mente te traz ao presente e faz questão de jogar na sua cara que aquilo não te pertence mais. Não daquele jeito e nem daquela forma.

Já pararam para pensar que nostalgia é aquele tipo de sentimento bipolar? Que te deixa triste e alegre ao mesmo tempo. É uma forma de sentir as vivências boas do que passou, te arrepiando a pele, soprando nos teus ouvidos a doce brisa de um pôr-do-sol visto nas dunas de Canoa Quebrada, esquentando teus lençóis com o cheiro da pessoa amada, gargalhando a ponto de doer a barriga daquela piada que seu amigo contou no último jantar em família…

Será que tudo isso vai acontecer novamente? Os arrepios já não são os mesmos; o pôr-do-sol, por mais lindo que seja, já não faz seus olhos brilharem como antes; os lençóis já foram trocados, assim como a pessoa amada; aquele amigo já não é mais tão próximo e até a piada perdeu a graça.

O que temos para hoje? É saudade? Eu tenho uma xícara de chá quente aqui me esperando e um futuro cheio de incertezas. Quem sabe na próxima quinta-feira eu esteja nesse mesmo lugar recordando esse momento tomando uma xícara... dessa vez de café.

PELO AVESSO

O que você vê quando se olha no espelho? Digo, por trás de toda essa embalagem. Há tanta coisa aí, não é mesmo? Por exemplo, essa boca que te aparece não estampa só sorrisos. Esses ouvidos já escutaram grandes histórias. Já devem ter ouvido poucas e boas. E esse nariz, quantos aromas inebriantes já passaram por ele? Aquele perfume da pessoa amada ainda te deixa zonzo.

E esses olhos? Conseguem te ver pelo avesso? Conseguem enxergar além dos teus órgãos, músculos e tecidos? São tantas camadas até chegar à alma. Essa coisa que te habita aí dentro, muitas vezes tão grande, outras tantas tão pequena, algumas vezes tão quente, outras tão gélida. O espelho consegue refleti-la?

Há tantos adereços, etiquetas, rótulos, maquiagem, filtros... Enxergar a alma no meio de tudo isso muitas vezes é difícil. Mas não impossível. Quem disse que nosso avesso não pode ser lindo? Olha mais a fundo. Sempre há mais do que mostra a superfície. Pode ter certeza: a carcaça não é oca.

Hoje resolvi não colocar filtro na minha imagem. *No filter*. Diante do espelho vou ver meu reflexo nu e cru. Vai ter marcas de espinhas, vai ter manchas, vai ter olhos vermelhos, vai ter eu. Logo eu, adepto dos filtros de Instagram, hoje vou me despir de qualquer edição e vou me olhar no espelho sem qualquer pretensão. Seja por dentro ou por fora, deve haver alguma beleza aqui.

Somos mais do que nosso olho pode ver.

NÃO ADIANTA CHORAR PELO VINHO DERRAMADO

Era sábado à noite. Amigos se reuniam no AP da Anatália para ver aquele típico filme de suspense, regado a muita pipoca, refrigerante, sustos, papos. E algumas taças de vinho barato. Jovens com tantas convicções, idealismos, opiniões e um punhado de incertezas. Afinal, já dizia Graciliano Ramos: "Certeza, certeza de verdade, ninguém tem".

O que temos, afinal? Sonhos, planos, futuro, carreira, identidade, espiritualidade... Na bagagem da vida carregamos tantas coisas nas costas. Tiramos das gavetas as esperanças e as guardamos numa mochila rumo a... Rumo a que mesmo?

Crise: existencial, de identidade, política, econômica, disso e daquilo outro. O mundo está em crise. As pessoas estão em crise. Mas continuamos diariamente batendo de porta em porta, na rua, na chuva ou na fazenda, carregando nossa mochila de esperanças em busca de uma vida melhor.

Aí chegam os 30. A dita idade do sucesso. O divisor de águas, dizem. Salários e amores estáveis, dizem. E o que fizemos? E o que somos? E o que temos? Será que aos 30 todas as incertezas somem, dando lugar a seres realizados, plenos, convictos e cheios de si?

Ops! Num descuido: todas as suas certezas caem do copo. Esparramam-se pelo chão assim como o vinho derramado naquela noite de cineminha com os amigos. Um passo errado, um movimento em falso – fatal! Ficou alguma gota? Será que ainda dá para provar do doce e forte gosto da juventude?

Renato Russo cantava que "somos tão jovens". Mas eu já não sei se somos tanto assim. Às vezes sinto que essa juventude tem prazo de validade. E fico me perguntando o que eu estou fazendo e o que eu não estou fazendo.

Certeza, certeza eu não tenho é de nada. Enquanto isso vou tomando aqui meu chá e pensando no texto da próxima quinta.

QUANDO NEM MESMO O
AMOR É SUFICIENTE...

uas almas se encontram. Se esbarram ali. Naquela esquina. Bem ali, próxima ao café. Uma, preenchida de sorrisos e boas vibrações. *Good vibes*. A outra, esgotada de vazios, em devaneio, perdida nas multidões de si.

Um choque! Como o impacto de um meteoro que, ao cair, se choca com a Terra. Como um trovão. Se olham. Mais que isso, se enxergam. Refletem uma na outra o oposto de si mesma. Como pode? Destino? Karma? Praga? Bênção? Não conseguem explicar. E nem tentam. E nem querem. Apenas sentem. E sentem muito. Muito. Quem sabe até os anjos lá de cima, ou os caídos aqui embaixo, puderam sentir a força desse encontro.

Em algum lugar os sinos tocam. Em alguma avenida a buzina dispara. Em alguma calçada um cachorro late. E, naquela esquina, lá estavam esses dois seres. Dali surgiria a paixão. O desejo. O sexo. E depois o amor. E depois os desencontros. E as brigas. Os ressentimentos. E mais amor. E depois as mágoas, as traições, as aventuras. As perdas. E de novo o amor. E depois? Depois a separação. O final. *The End*.

E foi ali, naquele exato momento de colisão, em que uma alma refletiu o paradoxo da outra e, mesmo assim, teve a certeza de que se amariam, que perceberam que nem mesmo o amor, por si só, é suficiente.

E bem ali, naquela esquina próxima ao café, as duas almas sorriem, se cumprimentam e se despedem. Talvez numa outra esquina elas encontrem suas almas gêmeas. Ou não.

ERA UMA VEZ UMA RAINHA...*

Em um reino não tão distante vive a Rainha Regina Lúcia. Mas seu castelo não é como aqueles dos contos de fadas e ela muito menos tem os privilégios da realeza. Regina é uma rainha da vida real!

Ainda criança, dividia o pequeno reino com vários irmãos. Nascida de cabelos ruivos, vermelhos como labaredas, hoje ainda traz em sua face sardas típicas de sua natureza. Mas os fios de fogo hoje dão lugar a caracóis dourados, reluzindo a cabeleira de uma mulher madura e vaidosa como uma verdadeira leonina. Empoderada, sempre traz nos finos lábios um batom, marca já registrada de sua vaidade.

Mas nem tudo foram flores na vida da rainha. Natural do litoral cearense, resolveu conhecer a Cidade Maravilhosa, terra onde conheceu seu rei. Mas assim como nos contos modernos, a história não teve um final feliz. Até hoje não se sabe desse rei. Fugiu deixando apenas uma certeza: um filho concebido.

Regina seguiu em frente. Batalhadora e guerreira, se viu na condição de mãe solo a criar um filho e protegê-lo com unhas e dentes, assim como uma loba protege a cria. Para isso, sempre pôde contar com a ajuda da sua família, porque sem eles talvez eu nem estivesse aqui para contar essa história.

---

* Texto que escrevi em homenagem à minha mãe, Regina Lúcia, em comemoração ao seu aniversário.

Pois é. Sou o fruto desse conto que está longe de ser de fadas. Sou o filho desta grande mulher, que hoje e sempre terei orgulho de dizer que executou com maestria ambos os papéis. No castelo da minha vida não tive um rei para chamar de pai, mas sempre pude contar com uma rainha capaz de mover mundos para me fazer feliz e eu serei eternamente grato por poder chamá-la de mãe.

A CARTA QUE NUNCA CHEGOU

Saudações,

Te escrevo... Bem, ainda nem sei por que te escrevo. Apenas acordei hoje com a vontade louca de te dizer algo. Sonhei contigo. Foi estranho. Mas era tão real que parecia surreal. Louco isso, né? Despertei ainda ouvindo a tua risada ecoando do sonho e silenciando gradativamente ao passo que eu ia acordando.

Eu te via passando por aquele corredor e nossos olhares se cruzavam de uma forma diferente. Brilhavam. Teu rosto estampava um sorriso malicioso e eu não entendia. Não éramos assim. Não mais. Então seguimos em frente.

Agora estou aqui passando o café... é assim que se diz, "passando café"?... Nossa, como sou péssimo na cozinha! Enfim, depois de um banho demorado para exorcizar a preguiça, sento-me à mesa e me vem à lembrança aquela época. Lembra? De quando cheguei ao fundo do poço e você estava lá e guardou a sua dor para cuidar da minha? Você me enxergou além dos meus medos e dos meus defeitos e naquele poço escuro eu pude encontrar uma pequena luz de esperança no simples abraço que você me deu.

Sabia que não devia ter aceitado aquele abraço. Ele acionou sentimentos que não conseguíamos explicar. E, para minha surpresa: foi recíproco. Não foi? Sei que sim. Sabemos. Como chegamos àquele ponto? O destino pregando peças?

QUINTA-FEIRA **25**

Estávamos na fossa. Talvez tenha sido isso que nos conectou de alguma forma. Compartilhávamos algo em comum. Dois corações fodidos. Seguimos em frente. Engraçadas as coisas da vida. Estou olhando agora, em cima da mesinha, aquele cacto que você me deu. Ainda tenho até hoje, acredita? Não morreu. Assim como a nossa amizade. Por vezes coberta de espinhos, porque nem tudo são flores. Tento regar frequentemente – o cacto e a amizade. Quantos anos duram os cactos? Não sei! Só sei que o meu gostar de você não tem prazo de validade.

Vem me visitar qualquer dia desses. Te passo um café.

O AMOR É MEIO AMARGO

Não sei se vocês repararam, mas tá tão difícil amar! São tempos difíceis para os amantes. Tudo tá tão efêmero ou, como dizem, tão *líquido*. Nada mais se solidifica. Onde foram parar os afetos? E as cartas? E as músicas de Raça Negra? Saudades do amor brega...

O "Mais amor, por favor!" deixou de ser uma súplica e virou uma mera frase de efeito. Está cada vez mais difícil amar. Porque amar exige que você passe por cima dos defeitos e julgamentos do outro até sobrar o amor. Amar é perceber o outro; e não se espelhar ou querer ser espelhado. Afinal, ninguém é perfeito, nem mesmo o amor.

Às vezes me pergunto se o amor foi engolido pelos tempos modernos. Não que eu seja fã do amor shakespeariano e de toda aquela coisa do amor sublime dos tempos passados. Acho até meio engraçado aqueles romances em que as pessoas morriam – literalmente – de amor. Mas percebo que hoje em dia nossas prioridades estão cada vez mais se tornando outras.

Já nem sabemos mais como amar. Já nem notamos mais que somos amados. Aliás, como o amor não é matéria do colégio e muito menos disciplina da faculdade, às vezes não sabemos nem amar! Nossos egos inflados e nossas convicções de mundo já não nos permitem enxergar o outro além da preferência sexual, cor, religião, política. Estamos aqui, diante de uma tela, seja de celular ou de computador, digitando caracteres e mais caracteres de "certezas", enquanto muitas vezes nem sabemos o que se passa do outro lado. E o pior de tudo é que nos preocupamos cada vez menos em saber.

Não estou falando que seja tarefa fácil ou que vou acordar amanhã distribuindo cartas românticas e coraçõezinhos feitos com as mãos para cada pessoa que eu vir na rua. Até porque cada um ama à sua maneira e o amor pode aparecer de diferentes formas. Já dizia um amigo meu: "o amor é meio amargo." Mas quem não ama chocolate?

O mais difícil é quando há amor e não há reciprocidade, aí a gente não aguenta amar sozinho ou amar por dois, não é mesmo? Condicionamos o amor a uma moeda de troca – se eu amo, mereço ser amado. A velha historinha do "eu te amo".

Ai, ai… poderíamos ficar aqui falando por horas e horas desse bicho tão complexo que é o amor e ainda assim não chegar a lugar nenhum. Mas um dia a gente aprende, no outro a gente ensina. Quem sabe, daqui a algum tempo, a gente se torne especialista nessa coisa de amar.

CORAÇÃO

Não esquece, por favor! Procura na gaveta, posso ter guardado debaixo de toda aquela bagunça. Já nem lembro mais como está. No mínimo amassado, ou quem sabe até partido. Mas olha lá. Talvez ainda dê certo usar. Afinal, você já usou tantas vezes!

Estou tentando aqui me lembrar quando foi que eu te entreguei pela primeira vez. Não me recordo bem. Foi no último verão, onde passeamos de barco naquele pôr-do-sol que pintava o céu de calor e euforia? Ou foi no último inverno, quando fizemos aquele jantarzinho à luz de velas? Terá sido no sol escaldante ou debaixo das cobertas? Nossa, como a gente era brega!

Se não tiver na gaveta, vê se eu deixei na geladeira, por favor. Pois é, às vezes eu guardava lá. Principalmente nas noites sem ti. Eu não suportava a solidão. No silêncio da noite eu ficava imaginando nós dois. Olha que coisa mais clichê! Agora eu percebo o quanto éramos clichê (risos).

Procura também no fogão. Posso ter esquecido fervendo junto com aquele chá que eu fazia para nós dois. Lembra? Você adorava. Preferia de camomila, dizia que era para te acalmar depois de um dia estressante no trabalho. E eu só conseguia estampar na cara aquele sorriso bobo de quem te entregaria até o céu caso você pedisse. É trouxa que chama?

Hoje já nem sei mais se te amo ou te odeio... Não, não odeio. Esse sentimento não me pertence. Aliás, nunca fui de extremos. Pelo contrário, minha dose era certa. Ou pelos menos era o que eu achava. Eu e os meus achismos. Você e suas certezas.

Me devolve. Sem ele não há amor ou dor, apenas a indiferença. Então me devolve. Devo ter deixado cair aí em algum canto disso que chamávamos de lar. Algumas certezas você deve ter mudado de lugar. Vê se não caiu atrás daquele sofá que compramos juntos e inauguramos da melhor forma possível. Ou ficou na sua estante? Não, ele não ficaria bem nela.

Espero que encontre. Amanhã passo aí para pegar. Eu só quero poder sentir de novo e para isso eu preciso do meu coração.

MINORIA

Deixa ela voar. Não corta as asas dela.
Deixa ela falar, gritar, berrar. Não tampa a boca dela.
Deixa ela pensar. Não domina a mente dela.
Deixa ela dançar, performar, correr,
pular. Não derruba ela.
Deixa ela beijar a boca que ela quiser.
Não impede o afeto dela.
Deixa ela trabalhar, dirigir, votar,
casar. Não tira os direitos dela.
Deixa ela caminhar sem medo de não
voltar. Não barra o trajeto dela.
Deixa ela sonhar. Não estraga as esperanças dela.
Deixa ela usar a roupa que ela quiser. Não estupra ela.
Deixa ela dar pinta. Não violenta ela.
Deixa ela brilhar. Não apaga a luz dela.
Deixa ela usar as cotas. Não menospreza ela.
Deixa ela fazer tatuagem. Não marginaliza ela.
Deixa ela ser cadeirante, usar óculos ou
libras. Não dificulta a vida dela.
Deixa ela ter curvas e tamanhos
diferentes. Não zomba dela.
Deixa ela ser ruiva, loira, negra,
índia. Não estereotipa ela.
Deixa ela ser americana, asiática, africana,
europeia, árabe. Não constrói muros entre
elas.

Deixa ela ser religiosa, espiritualista,
ateia. Não desrespeita ela.
Deixa ela viver. Não julga ela.
Deixa ela amar. Não odeia ela.

Eu deixo? Você deixa? Nós deixamos?
Deixa o ser humano que há em ti SER HUMANO.

RAIO DE SOL

Naquela tarde de um dia qualquer resolvi caminhar na praia. Me senti tão pequeno em meio a tantas imensidões. Infinitos grãos de areia esfoliavam meus pés nus. Acima de mim, um céu pintado de azul. O sol também estava lá, compondo a paisagem daquilo que seria um belo quadro, daqueles que penduramos na parede da sala. E, para fechar a cena: o mar.

Já sentiu vontade de dar aquele mergulho para lavar a alma? Foi essa a vontade que bateu em mim quando decidi ir sozinho à praia naquele dia. Já nem lembrava mais a última vez que havia dado um mergulho no mar. Eu não sei nadar, mas sempre fui afoito. Ao sair da água, percebi que mergulhei fundo demais quando eu só deveria ter ficado na superfície.

Muito lindo esse cenário que descrevi até aqui, você não acha? Foi a metáfora perfeita que eu achei para ilustrar os sentimentos que transbordam no meu peito. Tudo isso para te dizer que você foi o meu mar. Quando achei que poderia ir fundo no que tínhamos, você me deu um banho de água fria. Pior de tudo: no raso. E eu, o grande tolo, entrei mar adentro para tentar conseguir alcançar o mais profundo de ti. Mergulhei de cabeça, corpo e alma e quase me afoguei na tua frieza.

Nem tudo é sobre ego. Eu não estava pedindo a tua pena, muito menos mendigando o teu amor. Eu só buscava afeto. Eu só queria que fôssemos os elementos que faltavam naquela paisagem para o quadro ficar perfeito. Mas daí lembrei que perfeição não existe. Nem toda a natureza em sua grandiosa harmonia de formas, cores e sons poderia colorir o que tínhamos. Enquanto eu achava que seríamos a pintura, não percebi que não passávamos de um rabisco.

Agora me pergunto se foi erro meu ter depositado esperança demais. Será que tudo não passou de um surto? A intimidade que tínhamos, pelo visto, estava só na minha cabeça. Te atribui uma carga muito grande. Não era o momento ainda. E nem sei se um dia vai ser. Talvez tenha sido eu que não estava preparado para ver a tua outra face. Ingenuidade minha achar que não havia o outro lado da moeda. Todos temos.

Mas isso não acaba aqui. Você é intrigante demais para eu esquecer facilmente. Sempre vou me lembrar das vezes que você me chamava de Raio de Sol.

TATUAGEM

Hoje olho para o meu braço direito – aquele pintado de vinho – e penso em ti. Já nem lembro mais teu nome. Mas teu amor ficou. Gravado? Não, seria muito brega dizer que teu amor ficou gravado em mim. Eu diria que ele cicatrizou em mim. Em forma de tatuagem. E, mesmo depois de tanto tempo, ainda arde como se fosse o primeiro contato com a pele. Não a tatuagem. O amor.

Será que um dia conseguirei te remover de mim? Às vezes penso no quanto tu me feriste e no quanto eu confundia amor com dor. Impregnavas meu corpo que se enchia de ti, não dando espaço para o que existia de mim. Ocupavas toda a minha derme e epiderme, fatigando esse corpo que já não sabia mais como te dizer: deixa eu me sentir.

Por mais que meu coração te supere, acho que meu corpo nunca o fará. Não há cura. Nem remédio, nem mandinga. Pior de tudo foi ele ter criado dependência de ti. Vício. Foi muito duro aprender a ser eu novamente. Um eu que já não tinha mais um você. Aliás, um eu que não precisava mais de ti, mesmo sem compreender os caminhos que seriam trilhados sem os teus passos junto aos meus.

Se eu te encontrasse hoje na rua ao virar a esquina, te perguntaria o quanto tomaste de mim. O quanto de mim ficou marcado em ti. Fico pensando se acharia tua resposta engraçada ou dolorosa. Será que com o tempo tu mudaste aquele teu jeito sincero de ser? Aquela típica sinceridade que tantos almejam uns dos outros, mas que tu sempre confundiste com acidez?

Eu acho que ainda lembro do teu nome. Só finjo que esqueço quando meu orgulho fala mais alto.

TÔ TE ESPERANDO

Vem. Te espero aqui. Há dias, há meses, há anos. Tu deves estar aí em algum lugar do cosmo. Tu e todo o teu ser – entranhas, vísceras, artérias e órgãos.

Vem. Tô te esperando aqui na cozinha enquanto tomo meu chá. Te espero como quem espera o leite ferver, sem nunca saber a hora exata. Impossível de calcular. Mas uma hora ferve. Assim como uma hora tu chegarás.

Vem. Preciso conversar sobre o livro que eu tô lendo e sobre como ele mexe comigo. Cada letra, linha, página, capítulo me desperta a esperança de que um dia tu vais me encontrar.

Vem. Tenho que te falar da nova série que estou assistindo na Netflix. Comecei a ver sozinho e já estou no terceiro episódio. São dez ao todo. Mas eu só quero terminar de ver se for contigo.

Vem. Preenche a solidão do fim de noite em que vejo um filme qualquer na TV. Te aconchega junto a mim no sofá da sala. Cabe um nós nesse sofá.

Vem. Quero o teu riso como trilha sonora da minha vida. Quero dividir contigo meu fone de ouvido, minha playlist no Spotify e o meu despertador.

Vem. Deixa meu afeto afetar o teu. Deixa-me te despir de qualquer julgamento quanto a mim. Enquanto todos só olham por fora e fingem que sabem o que há por dentro, aqui existe um ser que deseja se mostrar só pra ti.

Vem. Me enxerga com todas as minhas incertezas, defeitos e erros. Transforma tudo isso em amor. Não, não é fácil. E talvez seja esse o motivo de tua demora.

Vem. E traz contigo algo que eu ame. Algo que me faça te amar ainda mais por ter chegado. Traz no teu bolso leveza e paciência. Que a minha complexidade e a tua simplicidade achem um equilíbrio. Arruma toda essa bagunça que sou eu. Porque eu já me perdi em mim. E, enquanto eu não conseguir me achar, eu não te acharei. Então peço que me encontres.

Vem. Só vem.

DANÇANDO NA BEIRA DO ABISMO

... e bailamos. Isso! Começa exatamente dessa forma – com reticências. Sem saber o ponto de partida, sem lembrar de como começamos, sem ao menos nos preocupar com o que fazíamos antes de dançar. Só sei que terminamos assim, no meio daquela rua deserta, bailando sob a luz das estrelas daquele céu imenso acima de nós.

A música para.

Eu te olhava. Mergulhava nos teus olhos de ressaca iguais aos de Capitu. E você me olhava. O que meus olhos, negros como a noite, queriam te dizer? Talvez assim como a noite eles guardem o mistério – o indecifrável. Você se perdeu no breu dos meus olhos. Mas isso nunca foi um problema. Era nossa sina nos perdermos um no olhar do outro.

A música volta.

Você seguiu o meu passo e eu te conduzi – ou pelo menos tentei – no doce compasso dos amantes cegos que dançam na beira do abismo. Nossos corpos simetricamente encaixados rodopiavam para lá e para cá. Em perfeita sinfonia, harmonia, melodia. Eu podia escutar o som dos nossos corações batendo freneticamente a cada vez que eu te tomava em meus braços. E girávamos... girávamos... girávamos.

A música continua.

Logo eu, que nunca fui bom de dança, lancei-me sem pudores e sem vergonha no louco desejo de bailar contigo naquela noite estrelada. Nesse breve instante eu fui feliz. Éramos infinitos. E eu só conseguia te amar. Amava tudo o que éramos ali, naquele exato momento, embalados por aquela canção que não sabíamos de onde vinha.

Foi então que eu... que você... que nós...

A música acaba.

SAUDAÇÕES, VÓ NENÊ*

Oi, vó, tudo bem? Talvez você nem se lembre mais de mim, não é? Sempre fico curioso para saber o que se passa nessa cabecinha coberta de fios brancos. Como é singelo o seu olhar diante daqueles que fazem parte da sua vida! Fico me perguntando o que os seus olhos conseguem captar ao ver uma sala repleta de filhos e netos que comemoram mais um aniversário seu.

Hoje a matriarca da família apaga 83 velinhas, que poderiam ser 13, 33 ou até mesmo 53, não é mesmo, vó? Sua mente já não distingue passado, presente ou futuro. Hoje, quem sabe você só consiga perceber o afeto e todo o carinho e o cuidado que você recebe daqueles que te amam, mesmo você já nem sabendo quem somos nós. Sinto às vezes que o que a mente não é capaz de distinguir talvez só faça sentido para o coração.

Certo dia me peguei observando as suas rugas, vó. Olhei atentamente para o seu rosto, as suas mãos, o seu cabelo e pensei: a velhice guarda consigo tanta história! Fiquei pensando no tanto de coisas que seus olhos já devem ter visto, no tanto de trabalho árduo de que essas mãos já deram de conta... Engraçado que lembro de como você era

---

* Texto escrito para a minha vó, que sofria de Mal de Alzheimer, em comemoração ao seu aniversário de 83 anos.

vaidosa quando eu ainda era criança; gostava de pintar o cabelo, lembra? Não, não lembra. Mas eu sim, e sempre vou guardar na memória a mulher cheia de vida que você era. Mas às vezes a memória prega peças na gente, não é, vó? Você, mais do que eu, sabe disso.

Quando resgato do baú da memória alguma lembrança que tenho de você quando eu era criança, sempre me vem à mente as tardes em que íamos passear lá na casa de Tia Cristina e você parava para conversar com conhecidos durante todo o percurso. Lembro de ficar impaciente esperando que você encerrasse logo o papo para chegarmos ao nosso destino. Quando somos criança tudo é tão urgente, não é, vó? Ah, o Tempo... o senhor misterioso de toda a existência!

Quem poderia imaginar que uma mulher de fibra, comunicativa, por vezes tempestiva, iria tropeçar nessas andanças da vida e dar de cara com o Alzheimer! São coisas que fogem de qualquer lógica daqueles que tentam desvendar o véu do esquecimento que cobre a mente daqueles que sofrem desse mal.

Mas hoje, vó, mesmo que você não se lembre de que mais um ano se passou e de que você continua com a gente, nós estamos aqui. E eu acredito que em algum lugar aí dentro você sente isso.

Parabéns, vó!

Com afeto, seu neto, André Luís.

SINTA FALTA

As pessoas. Já perceberam o quanto elas entram e saem das nossas vidas? Umas deixam algo, outras nos tiram. Umas permanecem, outras se vão. Umas nos marcam, outras não arranham nem a superfície. E o que fica na gente de tudo isso? Porque sempre fica.

Hoje me dei conta de que não te vi do meu lado. E percebi que nunca vou aprender a dizer adeus. Aliás, *nunca* é uma palavra muito forte, capaz de carregar consigo uma certeza infinita. O que quero dizer é que talvez, por hoje, eu não consiga te dizer adeus e muito menos um até logo.

Às vezes penso que só o tempo é capaz de falar pela gente. Só ele tem a calmaria e a leveza de um vento que sopra no rosto como brisa suave no finalzinho da tarde. O tempo é abstrato. Em contrapartida, nós somos concretos demais, pesados, carregados de fardos e sinas. O tempo nos salva.

Você, assim como eu, também passa pela vida de alguém. Todo esse fluxo é quase como uma praia cheia de pegadas na areia. Há aquelas cujas marcas percebemos nitidamente, há outras que quase não vemos e há ainda aquelas que o mar desfaz. Tem gente cujo coração é como uma praia agitada de uma manhã de domingo, enquanto tem gente que pulsa uma ilha deserta dentro de si. Cada um sabe aquilo que pode carregar dentro do peito – dentro da vida.

QUINTA-FEIRA **43**

Tem pessoas com o poder de apertar nossos corações, seja pela presença ou pela ausência. E no final do dia somos todos carentes. Há os que vão dizer que não, embora às vezes eu pense que pessoas muito cheias de si são cheias de vazios. Ou talvez seja só impressão minha.

O ser humano está carente de humanidade. Você não se torna mais fraco ao dizer que sente a falta de alguém. Algumas vezes isso pode te fazer ser trouxa – o que é triste, mas é genuíno, é a certeza de que aí dentro há um coração e uma mente e não um chip.

Que possamos tocar mais o outro e não apenas a tela de nossos dispositivos. Que possamos conversar mais cara a cara com o outro, e não apenas via áudio de *WhatsApp*. Mesmo que esse outro entre e saia da nossa vida. Porque, de uma forma ou de outra, ele é capaz de deixar muito mais que uma *selfie* de lembrança. Ou até muito menos. Mas vai deixar.

TUDO FAZ SENTIDO, MENOS VOCÊ

De que me adianta a lógica? Se você não faz sentido.

E não importa se o quadrado da hipotenusa é igual à soma dos quadrados dos catetos quando eu só queria que EU + VOCÊ resultasse num NÓS. Mas nem Pitágoras poderia resolver tal equação.

De que me adianta saber que os planetas giram em torno do Sol se você está sempre fora do eixo?

E tanto faz se o movimento é de translação ou rotação quando parecemos viver em galáxias distintas. Nem se eu viajasse no espaço e desbravasse cada estrela conseguiríamos nos alinhar.

De que me adianta terapia se nem Freud te explica?

Enquanto eu estaria num divã falando horas e horas de você, a sua mente inquieta e o seu estômago faminto ficam em dúvida se escolhem pizza ou sanduíche para o jantar. Eu e minha subjetividade, você e sua praticidade. Lembra?

De que me adiantam as línguas se faz tempo que as nossas não se encontram?

Ainda que eu arranhe o inglês, gaste o português, admire o francês e tente me lembrar do espanhol, a única voz que eu queria ouvir é a sua, com aquela boca atrevida sussurrando no meu ouvido, pronunciando meu nome ou qualquer coisa, em qualquer idioma, mesmo depois daquelas noites em silêncio.

QUINTA-FEIRA **45**

De que me adianta a física se nossos corpos cada vez mais se repelem?

E já não sei se somos opostos ou semelhantes, não sei quando paramos de nos atrair e começamos a nos afastar, se toda essa reação surgiu de uma ação. Hoje estamos nessa inércia.

De que me adianta a química se parecemos apenas matéria ocupando lugar um no espaço do outro?

Já não trocamos mais calor com a mesma intensidade. Onde foi parar a nossa combustão?

De que me adianta ser eu se tudo que quero é você?

Tudo faz sentido, menos eu.

COPO MEIO CHEIO

Olha ele ali. No meio. Sentado no meio do sofá. No meio da madrugada de sábado para domingo. No meio da solidão. Meio bêbado. Tomando meia taça de vinho. À meia-luz da televisão. Odiando todos aqueles meios-termos que insistem em assombrar a sua vida. Cansado de meias amizades. Entediado de meios amores.

Só por aquela noite, queria o inteiro.

Ser inteiro, sem meias verdades. Se entregar por inteiro, sem meias desculpas. Ser amado por inteiro. Nem muito nem pouco amado, apenas amado.

Olha ele aqui. Bem de frente para o espelho do banheiro. Encarando esse rosto meio embriagado, depois de... meia garrafa de vinho? Não, quase inteira. Mas o fim justifica o meio – não conseguia encarar sóbrio mais uma noite morna, em que o céu ameaçava uma chuva que não caía.

O tédio da solidão sorria no reflexo do espelho.

Olha ele voltando para a sala. Cambaleando meio torto pelo corredor. Arriscando em meio àquela escuridão um passinho de dança meio desajeitado. Rindo de si mesmo com aquele riso meio tolo. Se alguém o observasse, com certeza ficaria meio sem jeito. Mas lá estava ele, completamente sozinho e meio fora de si.

Lá fora começam a cair algumas gotas de chuva. Não duram nem meia hora.

Olha ele observando a rua. Meio deserta. Assim como seu coração. Tentando encontrar alguma estrela naquele céu imenso. Em meio a pensamentos que invadiam aquela mente ébria como um furacão, ele tinha vontade de rir e chorar ao mesmo tempo.

Riu. Mas não chorou. Pelo menos foi o que disse a si mesmo quando acordou tentando se lembrar da noite anterior.

Olha ele sendo acordado pelo domingo, que o presenteou com uma bela azia. Tudo ardia – a garganta, o peito, o estômago, a alma. Quase meio-dia, ainda meio zonzo, ele se levanta para encarar uma vida inteira que ainda tem pela frente.

Tinha medo do que viria na meia-idade.

Copo meio vazio.

EM TEMPOS DE ÓDIO, ARME-SE DE AMOR!

Até que ponto o afeto do outro te afeta?

Se somos feitos para amar uns aos outros como a nós mesmos, alguém está amando errado quando não aceita o outro como ele é.

E eu já não sei se isso é falta ou excesso de amor-próprio. Porque se amar é fundamental, mas perceber o outro com todas as suas cores, que não necessariamente são iguais às suas, é também uma forma de amar. Afinal, não somos criados à imagem e semelhança de Deus?

As ruas estão cheias de vidas roubadas. As casas estão cheias de vidas julgadas. No trabalho, identidades estão sendo questionadas. Nos bancos de praça, carícias são condenadas.

Então eu me pergunto: cadê o amor?

Morreu a pauladas. Se enforcou com a corda mais próxima. Foi demitido. Tomou um soco no estômago.

Triste, não é? Principalmente quando vemos o amor nascer. E você não quer que ele doa e muito menos que ele morra.

Pois assim é o amor. E assim são as pessoas que amam. Elas precisam de cuidado e, acima de tudo, ser respeitadas.

Tira o teu ódio do meio, porque o amor quer passar. Ele quer caminhar livre, sem tuas amarras intolerantes. Ele quer beijar sem teu olhar desaprovador. Ele quer dançar sem teus assobios constrangedores. Ele quer viver sem teu falso moralismo.

Abra o caminho. Expanda a mente. Não adianta achar que o amor é só aquilo que você construiu dentro da sua bolha. Não conceitue o amor apenas dentro dos seus padrões.

Ame. Se você não for capaz, deixe o outro amar.

SOLIDÃO

O céu lá fora chora. Toc-toc. Alguém bate na porta. Pode entrar. Já é de casa. Nem precisa pedir licença. "Boa noite", você fala, só por educação. E eu percebo como você é irônica. Sempre foi. Chega com essa cara sorrateira, mendigando atenção, vez ou outra se aproveitando da minha carência.

E eu te beijo a face como um perdedor que entrega os pontos, pois sabe que você já venceu este jogo.

Por que não me deixa? Por que insiste em passar noites em claro comigo? Só por hoje eu não queria ver meu reflexo seco no brilho do teu olho vago. Sinto meu corpo quente, embora a chuva lá fora seja fria. Igual a você. Porque você é assim – esse poço profundo de vazios e raso de emoções.

Mesmo quando eu grito, só escuto o eco da minha própria voz.

É engraçado o jeito como você me olha. Eu poderia jurar que você me quer para sempre. Mas a recíproca não é verdadeira. Eu não te amo. Prefiro acreditar que isso não vai ser para sempre. Um dia eu vou encontrar alguém capaz de fazer eu te esquecer. Nem que seja por um dia – um mês – um ano – uma vida inteira, quem sabe.

É claro que essa noite você vai dormir comigo, por falta de qualquer outra companhia.

QUINTA-FEIRA **51**

Só peço que pela manhã você vá embora, porque eu tenho uma vida lá fora que espera por mim – cheia de sorrisos, estresses, memes, música, amigos, almoço, café, pautas, família e quem sabe um chá quente no final da noite.

E talvez você de novo batendo na minha porta.

Pois é, Solidão, você não passa de um costume. Eu acabei me acostumando com a sua presença e consequentemente com a ausência de um outro alguém. Mas um dia eu vou abrir a porta e, ao invés do teu rosto, eu verei a silhueta daquela pessoa que eu tanto esperei.

E eu vou sorrir.

PIERROT APAIXONADO

Você se foi junto com o Carnaval. Meu coração agora é uma grande avenida e eu não te encontro em nenhuma esquina. Quem me dera ter caído apenas na folia, mas esse pobre e tolo coração despencou diante de ti, vibrando no teu ritmo, saltitando como um bobo apaixonado ao som da melodia da tua voz.

Foi quando me dei conta de que estávamos em imperfeita harmonia.

E, mesmo assim, eu não enxergava outros rostos nem queria outras bocas. Eu desejava apenas aquela sintonia que tínhamos. Eu, que sempre danço sozinho, te encontrei por obra do destino no meio de tanta gente. E você veio. Me acompanhou atrás do trio. Eu queria funk, você pagode.

Terminamos dançando axé.

Já te conhecia de outros carnavais, mas foi apenas nesse que eu te encontrei, te observei, te enxerguei e te... Amei quando você me olhou de um jeito como ninguém me nota. Amei quando a multidão nos fez ficar tão próximos que eu podia sentir teu coração sambando perto do meu.

Você agarrou a minha mão e eu queria aquilo pra sempre.

Mas o "pra sempre" sempre acaba e todo carnaval tem seu fim. Eu é que nunca fui bom com finais. E não tinha me dado conta de que acabava ali, de que era o último dia, o último toque, a última música, o último gole. E então você se foi e me deixou de ressaca desse amor que eu mal bebi e fiquei de porre.

Nem Skol Beats foi capaz de mexer tanto com a minha cabeça.

Haverá outros carnavais e, quem sabe, eu esbarre contigo no corredor da folia com aquele riso só teu e com aquele brilho no olhar com o qual glitter nenhum é capaz de competir. Agora vou aqui tirar minha fantasia de trouxa e guardar para o ano que vem.

MUITO POUCO

Tem dias que eu penso comigo mesmo: por que nos contentamos com tão pouco? Não, não é uma questão de ambição ou de carência. É perceber que muitas vezes nos conformamos com migalhas quando temos um universo tão vasto de cores, aromas e sabores.

E, mesmo assim, insistimos em provar daquilo que já perdeu o gosto faz tempo.

Mas por que ainda fazemos questão?

Água mole em pedra dura tanto bate até que cansa. Não é justa essa equação. É traiçoeira. Por que insistir em furar a pedra se eu posso tirá-la do meu caminho? Temos que aprender a deixar a água correr. Entender que as lágrimas, por mais que transbordem dos nossos olhos – expulsas pelo coração –, um dia secam.

Talvez o leite derramado nunca tenha valido o nosso choro.

Não queira mais o mínimo. Queira reciprocidade. Dançar a dois, no mesmo passo e, se não der certo, seguir o baile e encontrar alguém que esteja no seu ritmo. Não, isso não é pedir demais. Não se trata de encontrar a pessoa perfeita, até mesmo porque não temos a perfeição para dar em troca. É poder estar com a pessoa na mesma frequência – em sintonia.

Dançar sozinho pode ser triste, mas pior ainda é dançar a dois e não acompanhar o passo do outro, porque ambos já não dançam a mesma melodia.

É triste quando você se acostuma com aquilo que te dão e que muitas vezes não te preenche. E ainda fazem você pensar que é muito, que já está de bom tamanho, quando não chegou nem perto do que você merece.

Há certos momentos em que o simples "Oi" do WhatsApp não é o bastante, porque você quer um abraço apertado, ir à praia, conversar por horas de frente para o mar, pisar na areia, sentir o toque da brisa – e do corpo.

FELIZES PARA SEMPRE, MAS ATÉ QUANDO?

Nossa vida não cabe dentro de um filme, nem mesmo numa série e muito menos num livro. No máximo, ela inspira.

Ela é real demais para seguirmos um roteiro.

E, por mais que tenhamos muitas vezes que encarnar vários papéis diariamente, no final da noite caem os filtros e já não restam mocinhos nem vilões, apenas nós mesmos. De carne e osso. Fora do figurino: nus e crus.

Na vida real estamos ao vivo e a cores.

Mesmo parecendo óbvio, ainda idealizamos muitas vezes um amor de cinema, com a promessa do "felizes para sempre", com a cena final selada por um beijo com trilha sonora de fundo seguida dos créditos finais.

Spoiler: a vida continua após os créditos.

Aliás, a vida é tudo aquilo que vem depois. É exatamente aquele momento em que você percebe que o "para sempre" tem prazo de validade. É quando não há espaço para ficção, porque a vida já te castiga o bastante com doses diárias de realidade.

Sorria, você está sendo filmado. Eles dizem.

Mas não adianta fabricarmos sorrisos em almas doentes. Ansiedade, decepções, crises existenciais e carências estão cada vez mais batendo nas nossas portas, entrando nos nossos lares, nos acompanhando no trabalho e nos ferindo nas relações. Isso eles não dizem.

Bom seria estar numa comédia romântica – em que tudo dá certo no final.

Mas o final ainda pode estar longe, e enquanto isso há uma vida inteira no meio do caminho, regada de erros e imperfeições; contudo, também cheia de afetos e gargalhadas. De gente disposta a rir e a chorar, a odiar e a amar. A sentir.

Tem eu. Tem você. Tem nós.

Continua...

Não o texto, a vida.

MENINA VINIL

gerada nos anos 90, nasceu da barriga do grunge
menina analógica que não soube ser mulher digital
ela encarna seus lábios com aquele batom vermelho
– jamais se rendeu ao nude

hoje ela só quer dançar
sozinha rodopia no seu quarto
nas paredes se veem polaroides antigas
nada de selfies – seu rosto não combina com pixels

o coração dela é uma vitrola
ela canta, ela grita, ela explode na sinfonia
vê como ela está linda nesse vestido azul!
solta e leve – quase feliz

ela carrega muitos sonhos dentro de uma mochila
e, só por um instante, ela não aguenta
então esvazia – a mente, o coração
– e a bolsa

ontem ela fugiu, mas se perdeu dentro do universo
voltou pra casa, pro quarto, pro rádio
a mochila está ao lado da cama
– ainda cheia de sonhos

ela é bela, logo se vê pelo olhar
olhos de ressaca, iguais aos de capitu
não beleza de instagram com botox até na alma!
seus traços imprimem sua aura

ela ainda tem tanto por viver
– garota, sorria, o mundo é seu! –
pode não ser hoje, agora ou amanhã
mas ela ainda vai caber no universo

– com todos os seus sonhos.

JÁ ENGOLIU SEU ORGULHO HOJE?

Até que ponto você deixa o orgulho falar mais alto que o amor? Depende. Cabe uma série de "depende" na resposta dessa pergunta. Mas, no final das contas, só vai depender de você. Mesmo que isso signifique abrir mão do outro ou para o outro. Mas abrir mão nunca é fácil, não é mesmo?

Se a corda não ceder de algum lado, ninguém sai do lugar.

Eu poderia chegar aqui e dizer para você soltar a corda, deixar o orgulho de lado, se entregar, se deixar levar e correr atrás, passando por cima de todas as suas convicções. Uns me chamariam de ingênuo e outros, de hipócrita. Porque eu sei que não é tão simples assim.

Eis a fratura desse texto: não há um veredito!

Como um grande devoto do amor, sempre tento acreditar que ele tudo vence. Mas o duelo contra o orgulho nunca é fácil. O amor sai ferido, desgastado e muitas vezes é abatido nesse grande campo de batalha que chamamos de coração. Então o orgulho dá as cartas, diz quem manda e a palavra final é dele.

O que sobra é um peito ferido.

Só o tempo é capaz de apaziguar essa guerra. Tudo passa? Sim. Mas não sem antes deixar marcas, cicatrizes, fissuras. E talvez você olhe para trás e perceba que tudo não passou de uma tempestade num copo d'água e que agora você se sente maior que tudo aquilo. Não no sentido de superioridade, mas tendo a consciência do quanto aquilo foi pequeno diante do ser humano que você se tornou.

Diariamente você cresce com seus erros e suas decisões, por mais clichê que isso soe.

E você ainda não será capaz de acertar sempre – muito menos o outro. Contudo, não somos feitos só de acertos. Somos feitos de instantes. O que era orgulho ontem, hoje pode ser arrependimento e amanhã, um aprendizado. E se nem o amor foi capaz de curá-lo, paciência! É triste, mas é uma realidade e é você quem está no meio disso tudo, é você quem sobreviverá.

Sairemos ilesos de nossos orgulhos? Nunca. Mas sempre é tempo de mudar.

NUDE

só por essa noite, fica.
dispa-se de todas essas certezas.
tira tudo – as convicções, os medos, o jeans.
até sobrarem só você e esse sorriso inocente.
talvez nem tão inocente.
não fala nada.
apenas me olha e deixa eu te olhar.
isso são pintas no seu rosto?
as coisas que a gente não repara
até a paixão abrir nossos olhos.
agora eu te vejo até pelo avesso
e você agora me vê aqui bem diante de ti
despido de todas as minhas vergonhas.
selfie sem filtro e nude de corpo todo.
consegue me enxergar além das imperfeições?
porque às vezes nem eu consigo.
mas agora estamos aqui.
um de frente para o outro.
face a face – sem nenhuma tela nos dividindo.
eu poderia te mandar um "oi" pelo whatsapp.
e você curtir minha última foto do instagram.
contudo, não.
a troca de olhares é ao vivo.
mas não como na live do facebook.
eu estou te vendo a menos de um palmo de mim.

e você abre mais uma vez esse sorriso.
querendo falar algo.
pode falar.
não entendi.
ah, já está na sua hora?
mais uma vez fui traído pelo relógio.
apunhalado pelo tempo.
ou simplesmente é você quem quer ir.
quando menos espero, você está aí
vestindo novamente todas essas certezas sólidas.
líquido mesmo só o amor.
é assim que diz aquele sociólogo contemporâneo?
enfim…
quando é que eu te vejo de novo?
…
boa noite.

EU QUERO A SORTE DE UM
AMOR RECÍPROCO

Se reciprocidade é coisa de outro mundo, é pra lá que eu quero ir. E com direito a pacote duplo: voo e hospedagem ao lado de alguém que realmente queira embarcar nessa. Que o recíproco não fique preso apenas dentro da minha mala, mas que preencha dias chuvosos e ensolarados – e já não mais solitários, pois você estará ao meu lado.

Que a luz do sol possa bater nos nossos rostos, iluminando nossas caras amassadas depois de uma noite de drinks gelados e de uma madrugada de lençóis quentes. Que ainda na cama eu te olhe e veja que já não somos mais duas almas vagando sem direção e perdidas em [des]amores que não deram certo. Seremos perfeitamente imperfeitos um para o outro.

Que a gota da chuva possa tocar nossa pele, lembrando que nem só com dias de sol se constrói uma relação, pois haverá sentimentos tempestivos, seja meus, com minhas teimosias e carências; seja seus, com suas certezas e manias, porque assim seremos nós – dois seres cheios de defeitos que se cansaram de tentar se encaixar nesse mundo aparentemente perfeito.

Mas, ainda que imperfeitos e com defeitos, que a gente possa encontrar um sentimento mútuo, pois com amores de mão única a gente esbarra em qualquer esquina, mas encontrar alguém disposto a querer ficar e se entregar está cada vez mais raro. E quer saber mais? Cansa! Cansa ter que esperar da pessoa o mínimo que ela poderia dar em troca do máximo que você vem dando.

Por isso, chega de mensagens visualizadas e não respondidas, chega de tentar marcar algo para fazer a dois quando o outro já não sente interesse pela sua companhia. Que possamos poupar nossa ansiedade e nos sentir leves, mesmo guardando um pouquinho de orgulho depois daquele "não" recebido, quando você prometeu a si mesmo já não mais mendigar o "sim". Promessas são quebradas o tempo todo, mas aguente firme até onde der. Um dia, quem sabe, terá alguém nos esperando nesse mundo da reciprocidade.

RAZÃO VERSOS EMOÇÃO

teu silêncio é ensurdecedor
e por isso, talvez, não combine com o caos
que sou
mas vai ao encontro do meu orgulho mudo
que se deita no travesseiro na cama daquele quarto
escuro

a noite me espia, morna – abafada
escuto "sozinho" na voz de veloso com a alma
encharcada
de solidão e pranto
eu que já nem aguento tanto ficar jogado
pelos cantos

só por hoje eu queria poder gritar
te dizer que ao meu lado tu devias
estar
mas já não dou conta de tanto lamento
só nos resta seguir nossos caminhos
sem arrependimento

tem um mundo lá fora, quem sabe esperando
enquanto isso meu coração continua aqui
jorrando
trancado num peito apertado
pulsando forte, mas ainda assim
calado

QUINTA-FEIRA **67**

e na cabeça os pensamentos se enfrentam
duelo entre razão e emoção, quem sabe elas
se entendam
o prêmio é a saudade que fica
quando tudo mais já se foi
na partida

na madrugada tu vieste me visitar
em sonhos ou ilusões, eu nunca sei o que
esperar
mas um dia eu aprendo a não mais me apegar
o sonho termina, a ilusão acaba e, quanto a mim, só resta
continuar.

LUZES DA CIDADE

É noite lá fora. O céu ameaça chuva. Postes acesos. Faróis de carros ligados. E você. Que deve estar aí em alguma esquina, avenida, beco ou calçada. Quem sabe olhando a lua. Quem sabe atravessando a rua. Quem sabe de cabeça baixa no banco da praça. Quem sabe esperando. Esperando alguém que ainda não conheceu.

É noite aqui dentro. Os olhos ameaçam lágrimas. Na meia luz do quarto meu rosto reflete no espelho. Sou eu. Que devo estar perdido mais uma vez em meus pensamentos. E já não há mais bússola, ponto cardeal ou mapa que me oriente dentro deste coração que já não sabe mais para onde ir, esperando ser encontrado por alguém que ainda não conheceu.

É noite na cidade. A lua nos espia. Não sabemos o que se passa no íntimo de cada casa. Nem de cada pessoa. Às vezes já não sabemos o que se passa em nosso próprio íntimo. Tem gente lá fora rindo, chorando, gritando, fumando, bebendo, rezando, amando, fodendo, vivendo, morrendo. Ora estamos no palco, ora somos espectadores. A cidade respira enquanto nós pulsamos.

É noite. Simples assim. É o adeus do sol, que se foi deixando apenas o mistério das estrelas que nos vigiam lá de cima. Mas lembra que o céu ameaçou chover? As estrelas

QUINTA-FEIRA **69**

então se despedem. Está chovendo. Lá fora e aqui dentro. Enquanto todos voltam para os seus lares, as suas vidas e os seus íntimos eu resolvo sair. Sair do quarto, da casa e de mim. Para quem sabe ir à rua, ao seu encontro. Você, que talvez ainda esteja no banco da praça – quem sabe – me esperando.

SILHUETA

Você ainda é só uma silhueta. Que eu mal posso enxergar. Que está em algum canto com todas as suas formas e tamanhos, com todas as suas cores e nuances, com todos os seus jeitos e maneiras. Mas agora você é só o contraste da luz e da sombra: vestindo-se apenas com o véu do desconhecido.

Por detrás dessa simetria tem você. Inteiramente.

Você, que eu vejo contemplando o mar de longe. Bem dali, onde eu ainda não consigo alcançar. Porque você é o indecifrável mistério que mergulha mais fundo a cada passo que eu dou.

E em cada pegada tem eu. Esperançosamente.

Um dia eu me sentarei na beira da praia e você sairá do mar, pedindo licença para se sentar ao meu lado. Eu abrirei meu mais sincero sorriso como quem diz: "eu estava te esperando".

E você será aquele alguém que valerá à pena.

Você será aquele alguém que me fará correr até meus amigos para contar que finalmente você chegou e arrancou de mim não só um sorriso, como todo o meu ser. Porque você justificará o motivo de tanta espera.

E você ainda nem sonha que é a razão das minhas insônias.

Talvez nem eu mesmo faça ideia da dimensão que será a sua imensidão. Porque você será o caos e a brisa, o estrago e a cura, o afeto e o desejo, o amor e o que vier depois. Você é a promessa do destino.

Mas – enquanto isso – você ainda é só uma silhueta.

O CORPO QUE FALA

você me tira do sério. de mim. e pra dançar.
no doce mistério do desconhecido.
e eu nunca sei se estamos no mesmo tom.
eu sou aquela mensagem que chega no teu direct.
você me visualiza. e então?
meu coração dança dentro de mim
como quem gira sem parar num louco frenesi.
e eu, te faço pulsar?
faço tua pupila dilatar?
nas tuas entrelinhas eu ainda não consigo ver.
mas às vezes sinto que você consegue me ler.
às vezes é isso: eu e você
rodopiando na sala do bate-papo.
ainda sem trocas
de olhares – de mãos – de bocas.
da tua boca eu só experimentei o som
que ecoa como melodia dentro do tom.
eu gosto de te ouvir, baby!
como quem para pra ouvir um solo de guitarra.
dança pra mim.
dança comigo.
dança em mim.
só não me faz dançar.
talvez eu ainda não esteja no compasso.
posso me perder em todos os teus laços.

que o universo nos coloque em sintonia.
duas almas que bailam no escuro.
corpos que se perdem nas palavras não ditas.
o que falta?
ritmo, batida, frequência, harmonia?
porque o teu timbre eu já tenho.
falta a graça dos teus passos vindo até mim
como quem convida
para uma dança.
para um dueto.
para o show do amanhecer.
para sentar na areia da praia no final da tarde.
para ver um filme no cinema.
para tomar vinho barato no banco da praça
celebrando nossas existências.
nosso pertencer.
talvez, nesse dia, eu te olhe e diga:
fica um pouco mais!

NOTAS SOBRE ELE

Ele aprecia o anoitecer.

Seus olhos se encantam com as cores em degradê que brincam entre as nuvens, pintando aquele imenso céu de fim de tarde. Ele imagina que talvez Deus seja pintor, o Van Gogh divino, e que tira essa hora do dia para colorir a sua mais bela obra celestial – o crepúsculo.

Ele adora praia.

Imenso como o oceano e pequeno como o grão de areia. Ele é o barco que navega em correntezas, mas que anseia pela brisa calma. Às vezes ele só quer isso – paz. Sentar-se na beira do mar, olhar para o infinito e se sentir leve. Se deixar queimar pelo sol com a certeza de quem está vivo.

Ele curte um rolê.

Entedia-se fácil e, para não sucumbir às crises existenciais ou dar palco para a solidão, ele gosta de sair com os amigos no sábado à noite. Talvez por carência ou necessidade de comunicação, ele adora um bom papo, altos risos – com pitadas de deboche e sarcasmo – regados a Skol Beats... ou caipirinha... ou vinho barato. Ele fica bêbado rápido.

Ele gosta do estrago.

Cheio de complexos, incertezas e receios, carrega a incrível culpa de se assumir imperfeito diante do seu mais genuíno comportamento – ser humano. Mas ele precisa ter cuidado para não vestir demais essa camisa de defeitos escondendo o que ele tem de bom. Ele precisa se despir de toda essa timidez.

Ele ama escrever.

Talvez seja amor esta sensação de ser escritor, poeta, jornalista ou qualquer outro personagem de si mesmo que o faz transformar a palavra em arte e a arte em vida. Não importa para ele se é dom, talento ou propósito, mas sim poder partilhar seus sentimentos, convicções, percepções, vivências – e até fantasias – com alguém disposto a ler o que ele tem a dizer. E ele diz assim – em texto, palavra, verso, rima, metáfora… Ele é uma eterna reticência.

Ele sou eu.

A PORTA

Hoje deixo a porta aberta.

Para entrar tudo o que for bom e sair tudo o que for tóxico. Para que os raios do sol que se põe banhem-me de esperança. Para que a luz que entra possa fazer brilhar meus olhos com a tua chegada.

A porta está aberta pra ti.

Eu espero com a ânsia de quem coloca a cabeça para fora da janela, para sentir a brisa batendo no rosto, soprando no meu ouvido: "posso entrar?"

Pode. Só não repara a bagunça.

E você entra como uma linda poesia e me abraça. Logo eu, poema sem rima. Posso ver pela fresta da porta a rua que fala. Aqui dentro, apenas o silêncio.

Dois corpos que se entrelaçam.

Você está diferente. Acho que eu também. A vida nos aconteceu. Mas há hábitos que não mudam. Eu, por exemplo, ainda não aprendi a ser menos, a sentir menos e a me importar menos. Talvez me falte disciplina.

E essas malas?

Talvez indiquem que você pretende ficar. Daí eu penso se ficar é diferente de permanecer. Porque até mofo se instala! E há tempos que eu quero sair dessa bagunça. Então espero que não estrague tudo dessa vez.

Um dia a porta não estará mais aberta.

E nesse dia poderão ter acontecido duas coisas: ou você fechou a porta ao entrar ou eu fechei a porta quando você saiu. A única certeza é que ela estará lá – a porta. Ela, que é incapaz de distinguir a entrada da saída. Divisora de destinos.

Ela, que fica entre mim e você.

EU SINTO MUITO

Ainda não aprendi a sentir pouco. Não sei se é defeito de fábrica ou uma virtude, mas eis uma verdade sobre mim: eu sinto muito. Em sua mais literal essência e não apenas como um pedido de desculpa.

Sentir muito às vezes dói e às vezes cura. Nos rasga por dentro na mesma intensidade que nos arranca o mais lindo e puro sorriso. Do prazer à mágoa. Da alegria à tristeza. Do amor à solidão.

Embora admire a simplicidade, sou fadado a ser complexo. E pessoas complexas não se dão bem na tarefa de sentir pouco. Elas carregam o caos em cada veia, em cada osso, em cada tecido.

Confesso que flerto com o drama com mais frequência do que eu deveria. Mas eis o problema: não aprendi a viver sem ele, porque a vida ainda não me mostrou como se faz. Não sei se amo o drama ou se é ele quem me ama.

Nota-se que eu ainda não aprendi muitas coisas. Mas viver é isto: um eterno aprendizado. É se conhecer, se reconhecer, ter a humildade de saber quando erra, assim como a própria coragem de tentar.

Às vezes tudo o que queremos é ser correspondidos por aquilo que estamos oferecendo ao universo. O homem não é uma ilha, e sentir é a prova disso. Permitir-se sentir é um ato de rebeldia contra um sistema que cada vez mais nos robotiza.

Quer seja a brisa calma da manhã batendo no rosto, quer sejam borboletas no estômago ao se apaixonar ou a dor de um coração partido: sinta! Afinal, você está vivo.

MEUS OLHOS TEUS

Um dia, quem sabe, a gente se esbarre numa esquina qualquer. Numa mesa de bar. Numa fila da lotérica. Num ponto de ônibus. Numa emergência de hospital. Num filme em cartaz. Numa pista de dança. Num súbito segundo. Num piscar de mundos. E de olhos.

Um dia, talvez, eu visite tua casa. E você me abra a porta. A vida. Para eu chegar de mansinho. Conquistado pelo olhar daquele dia. Quando eu te vi passar e já não lembro se foi no bar, na esquina, na fila, no cinema, no hospital, no baile ou no sinal. Eu só lembro dos teus olhos. O que foi mesmo que você me disse?

Um dia, quiçá, eu volte a te encontrar. E talvez você esteja diferente. E eu também. Porque as estações mudaram. As prioridades mudaram. E talvez os desejos, os sorrisos, as *vibes*. Quem sabe a bagunça já tenha sido arrumada e as gavetas já não estejam abarrotadas de tantas incertezas. E haverá uma certeza – nossos olhares. Eles não mudam.

Um dia, porventura, pode ser que a gente realmente se enxergue. Pupilas dilatadas se encarando. A rua nos dividindo. Eu te vendo do outro lado da calçada. O sinal abre, as buzinas berram, as pessoas andam-correm-gritam, o vento bate morno em nossos rostos estáticos. Mesmo diante dessa cidade que urge com toda essa gente e esses carros e o lixo e as árvores e os pássaros e as luzes, eu só consigo olhar nos teus olhos. E você, consegue me enxergar?

VOCÊ ACREDITA EM DESTINO?

Um dia desses um amigo me perguntou se eu acreditava em destino. Parei por um breve segundo e pensei: ele perguntou para a pessoa errada. Naquele momento ele esperava reposta para alguma coisa, logo se via pela sua inquietação. O que ele não esperava, talvez, era que para tal pergunta eu não tinha um veredito.

Eu apenas ri e disse o quão louca é essa ideia de já estarmos destinados a ser ou a fazer algo.

É engraçado parar para pensar que, a todo passo que dermos, o universo estará nos olhando como quem diz: "eu sabia que você faria isso". Por outro lado, como fica o acaso diante disso? Será que ele vai mesmo me proteger quando eu andar distraído? Talvez a própria distração já esteja predestinada.

E se for o destino quem dá as cartas, nossos erros, de uma forma ou de outra, sempre acontecerão?

Me custa acreditar numa ideia de destino como se ele fosse imutável, como se nossas atitudes não fossem determinantes para serem levadas em consideração diante de um futuro já pré-estabelecido. A vida não é uma conta de multiplicação, na qual a ordem das parcelas não altera o produto. Longe de ter uma fórmula, viver é levar em consideração as diversas variáveis.

Afinal, as pessoas mudam, as coisas mudam, a vida muda.

Mas e se a própria mudança já fizer parte do destino? Eu posso escolher dobrar a esquina e, numa fração de segundo, desistir da ideia e seguir direto. Foi por acaso ou por destino? Está vendo como é insano pensar nessas coisas?! Talvez as pessoas acreditem em destino por uma questão de conveniência, depositando toda a sua confiança, acreditando com todas as suas forças, que o melhor ainda estar por vir. Mas quem pode culpá-las?

Ou talvez o acaso exista, como quem chega de surpresa – derrubando toda essa espera de um futuro [in]certo.

É, meu caro amigo, se há mesmo um destino, eu espero que ele tenha reservado o melhor para nós. Até lá a gente vai vivendo – sorrindo, sofrendo – os amores incertos, as amizades presentes, os abraços apertados, os risos frouxos, as lágrimas no travesseiro, o banho de chuva, o mergulho no mar, o calor do sol e o frio da noite.

Destine-se.

ÀS VEZES A GENTE SÓ ESTÁ CANSADO

Cansado de vazios inesgotáveis e ao mesmo tempo de tudo. Dessa avalanche de problemas que insiste em tentar nos derrubar diariamente. Até se reerguer requer tempo. Tempo que nos é roubado muitas vezes por uma rotina que, traiçoeiramente, nos suga, nos consome, nos sufoca. Quando foi que nos tornamos almas cansadas?

Outro dia vi um post que dizia: "Você é forte. Só está cansado". Antes de pensar em compartilhar, eu senti cada palavra dessa sentença e pensei na quantidade de gente que, assim como eu, estaria se sentindo assim naquele exato momento. Nessas horas não há livro de autoajuda, não há *coach*, não há tutorial no YouTube que te tire desse estado – talvez apenas uma xícara de chá e uma boa noite de sono.

Cansa também ter que convencer a si mesmo de que tudo passa. De que a ansiedade acaba, de que a angústia se vai, de que os problemas serão resolvidos e de que amanhã será sempre um novo dia. Por mais que a gente saiba que isso é uma verdade, todo o desgaste até "tudo passar" nos esgota a ponto de esquecermos – muitas vezes – onde está nossa essência. Em que momento eu deixo de ser eu e me torno o meu cansaço?

No último fim de semana eu bati um papo legal num barzinho com uma amiga no sábado à noite e curti a praia no domingão com a galera. Por mais clichê que seja o rolê, é nesses momentos que eu encontro minha válvula de escape. Por mais banal que seja ficar levemente embriagado com duas Skol Beats e poder ouvir o barulho do mar num final de tarde, a calmaria desses momentos é capaz de curar qualquer semana estressante.

Às vezes sentimos as coisas grandes demais para suportarmos. E às vezes é nos pequenos momentos que podemos suportá-las. Peço licença para abusar dos clichês e digo: se divirta com os amigos, tome um café da tarde em família, beba com moderação, ame sem moderação, cante, dance, mergulhe, gargalhe, chore, vibre, sinta – viva! Sei que nem sempre é fácil, mas enquanto isso a gente vai tentando.

Mal posso esperar pelo próximo mergulho no mar.

AMARELO

Ele partiu com seu fusca amarelo, sem rumo. Tentou arrumar alguns sonhos na mochila. Não queria pesos. Queria estar leve. Levar apenas o necessário para esse lugar sem endereço. Queria se encontrar depois de tantos desencontros. E foi. Vestido apenas com a leveza do ser. Quem sabe, numa manhã de domingo, ele mande notícias.

Ela dançava com seu vestido amarelo no meio da pista. Rodopiava na madruga de sábado, embriagada de alegria depois daquela dose de tequila. Tudo nela brilhava e queimava. Como um pássaro de fogo, ela ardia com tamanha liberdade. Naquele breve instante, ela só queria dançar na cadência de seus batimentos. E foi. Mais que bêbada, ela estava feliz.

Ele se sentou no seu sofá amarelo para assistir a um filme na Netflix. Era noite de sexta-feira – sua companhia, um balde de pipoca. Quis ver pela milésima vez *(500) Dias com ela*. Não se cansava de ver na tela o reflexo de sua história. Aquela que não é uma história de amor. Enxugou as lágrimas depois dos créditos finais e foi dormir prometendo a si mesmo que amanhã seria um novo dia. E foi.

Ela queria ver o pôr-do-sol amarelo nas dunas que pintava o céu daquela quinta-feira. Era o final de uma tarde de setembro. Seus olhos grandes contemplavam toda a beleza daquele findar. Seus ouvidos atentos escutavam o barulho dos pássaros que voavam com uma liberdade invejável. Adormeceu na areia. Sonhou que era uma gaivota. Acordou disposta a ser livre. E foi.

MINHA SOLIDÃO QUER TE VER

Foi no início daquela madrugada que eu me vi, sentado naquele sofá bordô, pensando na tua solidão. E no quanto ela combinaria com a minha.

A minha solidão se parece com a tua.

Afinal, isso é o que somos – duas almas solitárias, como um lobo que uiva em noite de lua cheia. Talvez eu seja o lobo, e tu, a lua.

Na calada da noite os lobos fazem a festa e a solidão sai para dançar.

Se eu fumasse, com certeza acenderia um cigarro. Numa cena *vintage* estaria eu colocando na vitrola um vinil de Toquinho & Vinicius ecoando o verso: "E por falar em saudade, onde anda você?"

A sala preenchida de fumaça e melodia.

Ah, como eu queria uma taça de vinho, daqueles rançosos, com nome italiano do ano de mil novecentos e não sei quanto! Só para ter o amargo prazer de me embriagar e esquecer esse teu nome que insiste em pairar sobre meus pensamentos.

Daí eu lembro que esquecer nunca foi a cura.

Porque tu és o veneno e o antídoto. Porque tu és a overdose e a falta. Porque nas noites em claro eu brigo com o coração que insiste em acelerar quando tu invades minhas lembranças.

E nessas horas a saudade dá um soco bem na boca do estômago.

O transe do retrô acaba quando eu pego meu celular com a vontade de te mandar um direct para saber o que tu vais fazer mais tarde. Ou amanhã. Ou no domingo. Ou na próxima semana.

Enfim, eu só quero te ver. E se não nessa vida, quando?

VAI FICAR TUDO BEM

Porque ainda há os poemas que não foram escritos. As palavras não ditas. Os beijos não dados. O filme que você tanto queria entrou em cartaz. Já ouviu o último lançamento do McFly? O mar ainda te espera para um mergulho. Tem árvore que ainda precisa ser plantada. Flores que precisam ser regadas. E tem você, capaz de fazer tudo isso.

Porque, no meio de tantos amores não correspondidos, tem alguém te esperando. Alguém que ainda olha pela janela, no final da noite, a imensidão do céu, se perguntando por onde é que você anda. Enquanto isso você está dobrando a esquina de casa, voltando do trabalho, com um único desejo: tomar aquele banho – e deixar escorrer pelo ralo todo o cansaço do dia.

Porque você é forte, mas não precisa estar se provando o tempo todo. E, mesmo por trás de toda essa muralha, você é capaz de florescer. E, mesmo sensível como uma rosa, você também possui espinhos. No meio da perfeição dos filtros, você sempre será capaz de transparecer a sua essência. Não se esqueça disso!

Porque eu não posso te prometer o mundo. Promessas são muito fáceis de quebrar. E quase já não temos garantias. Mas posso te oferecer um abraço – mesmo não sendo muito bom nisso – como quem espera que tudo dê certo.

Como alguém que volta e meia se esquece que há espaço para o otimismo, principalmente diante desse caos lá fora.

Porque eu não sei o que deu em mim, mas eu só queria dizer isso: vai ficar tudo bem.

RINITE

Está uma zona aqui dentro. Deve ser a rinite. Mas não é só isso. Nunca é só uma coisa. Meu caos é plural. Ele se instala assim: com um punhado de pormenores. Os pensamentos então se debatem e duelam para saber qual vira prioridade.

No final do dia, tem que ser eu. Não, não é egoísmo eu me colocar como prioridade. Talvez seja a solução.

É claro que eu sou a soma das minhas vivências, o resultado das minhas ações, o divisor comum dos meus sentimentos e a subtração daquilo que não me faz falta. Mas eu também sou o X da questão. Se a vida fosse uma equação, viver seria a grande incógnita.

Contudo-todavia-entretanto, não há uma fórmula exata que te ensine como viver a vida depois que você sai do útero.

E tem dias que eu sou isso. Esse nariz que não para de escorrer e esses olhos vermelhos. Prepara o lenço que lá vem o quinto espirro seguido!

Enquanto isso minha mente a mil não sabe qual o próximo comando a priorizar. Porque eu tenho que produzir um documentário para a próxima campanha, fazer um release do próximo evento, agendar o post do próximo dia, pensar no roteiro do próximo programa, colocar meus filmes-séries-livros-álbuns em dia.

E ter uma vida social – rolê com os amigos no sábado e passar um tempo em família no domingo.

Tem tanta coisa acontecendo. Sempre tem. Ao mesmo tempo em que tenho a sensação de ter vivido um ano nesses últimos três meses, me percebo – de certa forma – amadurecendo. Mesmo ainda muito sensível ao caos que vivemos e às coisas que me fogem ao controle, venho aprendendo a ter novas percepções, a passar a me perceber melhor – dentro das minhas limitações e das minhas potencialidades.

A gente não sabe viver. A gente aprende a ir vivendo. Com rinite – e sem receita, sem fórmula, sem roteiro.

SOBRE COMEÇOS

Todo começo é complicado, vocês já repararam? Exige paciência, determinação, persistência e muita força de vontade. Para tudo na vida – desde o início de uma relação, passando por mudar de ares em uma nova cidade, até um livro que você decidiu começar a ler no último feriado.

Mesmo coisas banais, como começar a nova temporada de uma série que já não te chama mais tanta atenção ou pegar para ler aquele livro que já estava criando poeira na sua estante, exige de ti um mínimo de interesse, porque, caso contrário, você nem continua. E é isso que acontece com nossas relações, tem que haver, além do interesse, dedicação (diferente de submissão!) e sinceridade, com você e com o outro.

Seja no início de um lance, de um namoro ou até mesmo de uma amizade, é preciso ter consciência de que nessa viagem você não estará mais só, então embarcar numa nova relação implica mergulhar junto, conhecer o outro e, acima de tudo, conhecer a si mesmo, agora sob uma perspectiva a dois.

Às vezes parece que conhecer alguém, se interessar, procurar coisas em comum, criar afeto – tudo isso ficou fora de moda. Alguns dirão que é preguiça, outros poderão dizer que é insegurança ou timidez, uns dirão ainda que já não têm mais saco para todo esse processo. Então, o que nos falta?

Outro dia mesmo uma amiga comentou que certo professor falou uma vez em sala de aula que antigamente a conquista começava quando alguém jogava uma pedrinha naquele carinha ou naquela mina em quem estava interessado. E hoje? Ficamos fadados a nutrir *crushes*, alimentando-nos de nudes. E é claro que o físico e a atração caminham juntos. Mas e depois? As pessoas – não todas – criaram fobia de afeto.

Assim como os finais, os começos também são difíceis. Mas eles estão aí, para nos mostrar o novo, nos tirar da zona de conforto, nos desafiar abrindo portas nunca abertas para mundos nunca explorados. Começar pode dar medo, pode doer, pode não dar certo. Mas sempre é tempo de recomeçar.

BEM ME QUERO

Eu me quero leve. Mesmo que algumas vezes eu me confunda com o próprio caos. Ainda que eu baile na beira do abismo que é esse mundo, que eu possa me tirar para dançar com leveza em cada passo, desacelerando quando for preciso, olhando para o céu e me sentindo infinito, sem deixar de olhar para os pés, para não cair ou me perder – pois o medo faz parte.

Eu me quero bonito. Mesmo acordando com a cara amassada, uma espinha no nariz, o cabelo assanhado e a baixa autoestima me encarando no espelho. Eu tento acreditar que sou maior do que isso. E que a beleza é algo que pode transbordar do ser, estampando sorrisos, reluzindo olhares – porque o belo também está nos detalhes e nos traços.

Eu me quero feliz. Mesmo felicidade sendo um instante. Porque felicidade não está no ser, mas sim no próprio estar. E a gente luta diariamente para encontrar uma fração repentina de como é estar feliz, mesmo com todo o mal e toda tristeza que estão lá fora. Porque eu deixei de acreditar em felicidade plena, mas procuro por ela cada vez que caminho descalço na areia da praia ou dou uma gargalhada na mesa de bar com os amigos ou me entupo de pipoca assistindo filme de terror em família – pois a felicidade é uma estrela cadente.

Eu me quero bem. Mesmo nem sempre acordando de bem com a vida. Porque você não está bem o tempo todo. E isso é normal. Tudo faz parte do fluxo. Porque somos fluidos. Estamos em constante aprendizado, amadurecimento e autoconhecimento. E se conhecer às vezes dói. Mas passa. Depois das tempestades, eu só quero estar bem comigo mesmo. Não, nem sempre é fácil, mas é necessário – e urgente.

Me quero leve como quem rodopia. Ainda que eu fique tonto.

Me quero bonito em meus trajes mais aconchegantes. Ainda que eu não pareça chique.

Me quero feliz como um sábado à noite. Ainda que eu me embriague.

Me quero bem como um poeta que ama a sua poesia. Ainda que ela o fira.

PISCINA

Sempre falamos muito em mergulhar fundo. Seja nas nossas relações, seja nos nossos sonhos e desejos, seja em nós mesmos. Mas ninguém nunca chega para dizer que a água pode estar muito fria, ou que não há problema se você não estiver preparado ainda para se jogar, ou que a piscina é rasa demais para todas as suas expectativas ou funda demais para todos os seus medos.

E então você fica na borda.

Se você ainda sente insegurança, continua um pouco aí. Aprecia a vista. Molha os pés. Sente a brisa e o calor do sol. Desacelera um pouco esse coração aflito por pular no desconhecido e dê a você seu próprio tempo. Não, não é falta de coragem ou fraqueza, mas, talvez por não saber nadar, é natural sentir-se apreensivo diante das correntezas.

E isso não te faz menos intenso.

Aprende a ser paciente e a compreender seu próprio tempo. Eu sei que as coisas lá fora correm, voam, estão a mil por hora. Mas às vezes o seu peito pede calmaria. Se até o dia é capaz de esperar o sol para anunciar um novo amanhecer, você também precisa esperar um pouco até se permitir ser ou estar. Porque só você entende sua essência e sabe o que se passa aí dentro.

Respira fundo.

Às vezes nos exigem demais essa famigerada coragem de fechar os olhos e pular sem medo. E isso pode ser bom. Coragem é algo vital. Mas não se culpe se você tiver medo, não se pressione para atender as expectativas do outro em detrimento dos seus sentimentos, não se machuque por achar que não é bom o suficiente. Você apenas está esperando o melhor momento para poder dar o primeiro passo.

E talvez não haja um momento específico.

Então procure pular quando você passar a acreditar em si mesmo. Quando você vir que, mesmo com receio, é capaz de entrar. Aos poucos você dará os primeiros mergulhos, engolirá um pouco de água, mas levantará a cabeça olhando para o céu com a sensação de ter conseguido superar mais esse obstáculo.

Olha que lindos esse cabelo molhado e esse rosto brilhando no sol!

CORAÇÃO APANHA, MAS TAMBÉM BATE

Já partiram seu coração hoje? Esse texto é para você. Para lhe dizer que pegue cada pedacinho estilhaçado e junte novamente. Mas dessa vez não o entregue assim de mão beijada para qualquer um ou qualquer uma. Guarde para si. Mantenha-o nesse peito com todo o cuidado que você puder. Então ele sara.

Eu não posso garantir que ele não se parta novamente. Afinal, temos uma vida cheia de partidas. Mas lembre-se: no final, quem fica é sempre você. Por você. Então você aprende a calejar. Você resiste.

Não, esse coração nunca vai ser inquebrantável. Eu estaria te enganando se dissesse o contrário. Mas, depois de tantas quedas, você se levanta mais forte. E não há beleza ou romantismo nisso. Mas há força, há resiliência e há coragem para tentar mais uma vez.

Até o homem de lata sonha em ter um coração. Então perceba que o problema não é você. Não se culpe por amar demais ou se doar demais ou ser intenso demais. Talvez você só tenha tentado mergulhar fundo demais em pessoas que eram rasas. A frequência talvez não fosse a mesma e, por mais duro que seja, você precisa entender.

Além do coração, você às vezes também quebra a cara. Seja por confiar em sentimentos que descobriu que não são recíprocos, seja por depositar expectativas onde não cabiam ou por acreditar demais no outro e esquecer de acreditar em si. Ficarão as cicatrizes.

Mas não vai doer para sempre. Porque você não será o mesmo sempre. Porque seu coração não só apanha. Ele bate. E ele pulsará acelerado dentro desse peito por novas paixões, novos lugares, novas pessoas. E você também será novo. Porque você se reinventa, se reconstrói, se refaz.

Você é seu próprio recomeço.

DIGITANDO...

ah, sei lá.
pensei em te chamar pra tomar uma taça de vinho.
ou quem sabe a garrafa.
que foi? não curte tanto vinho, né?
é, eu lembro.
mas achei que tu tinhas mudado.
já tem um tempo que eu não te vejo.
é, verdade, algumas coisas nunca mudam.
eu, por exemplo, continuo o mesmo.
talvez um pouco mais velho.
completei ano semana passada.
já quase sinto o peso dos 30 chegando (risos).
no mais, ainda me sinto o eu de quando te conheci,
mesmo tentando me reconstruir a cada dia,
me arquitetar em cada fluido.
vez ou outra, ainda bagunçado por dentro.
por fora, meu cabelo continua sem jeito.
enfim… mas e tu, como tá?
ainda naquele emprego?
complicado, né? toda essa rotina.
quer ir tomar um café qualquer dia desses?
assim, sem pretensão, sem planos,
sem o relógio nos vigiando.
parece que o tempo sempre voa quando eu tô contigo.
é como se ele traísse a gente.

é como conversar por horas e horas sem faltar assunto
e ser interrompido pelos malditos ponteiros.
se bem que, hoje em dia, eu diria que faltariam palavras.
não sei, talvez a distância tenha acabado nos silenciando.
talvez não haja novidades.
sinto saudade das nossas risadas
e medo de não termos mais motivos
para rir daquela maneira.
eu, com o meu riso alto sem medir espaço,
bem à vontade com a minha alegria.
tu e teu riso contido. mas, ainda assim, cheio de vida.
você tá feliz? quero dizer, agora, nesse exato momento.
porque a felicidade é isso, né? um instante.
eu queria muito um café.
dessa vez não com leite, como de costume.
queria puro, forte e quente. e ao teu lado.
deve ser só desejo. daqui a pouco passa.
tratando-se do café, é mais fácil.
nossa, como eu tô piegas!
ridiculamente sentimental.
deixa eu voltar aqui pro trabalho.
não esquece do nosso café. nem de mim.
abraços.

A SUSTENTÁVEL LEVEZA DO SER

Hoje eu escolho estar bem comigo mesmo. Não de uma forma egocêntrica. Pelo contrário. Eu preciso estar bem com o meu interior para entender o que se passa no meu exterior. E isso não é uma questão de ego. Eu diria que estou amadurecendo. Tentando evoluir a cada dia enquanto ser que habita um universo tão vasto de tudo e de todos.

Há pesos que precisamos deixar pelo caminho para sustentar a leveza do ser.

É fácil? Não, não é. Exige tanto da gente. Exige menos cabeça dura e mais compreensão, empatia e sabedoria. Exige passar por cima de muita coisa e relevar muitas "certezas", porque, quanto mais nós crescemos, mais temos consciência de que nem mesmo a verdade é absoluta. Então a gente passa a olhar por outros ângulos, a perceber que o mundo não gira ao nosso redor e a ponderar atitudes que antes não tolerávamos. Acho que chamam isso de ser adulto.

É um aprendizado diário. Como uma lição de aula de um livro com 365 páginas.

Sou evoluído ao ponto de tolerar tudo? Não. Porque, mesmo sendo um ser que pensa, eu também sou um ser que sente. E que, às vezes, sente até demais. Mas tem coisas ultimamente que estou jogando para o universo. Porque fogem da minha compreensão. E eu já não aguento mais carregar pesos desnecessários, principalmente quando eles nada mais fazem do que me jogar para baixo.

E eu quero ser leve. Como quem sempre sonhou em voar.

Eu costumo dizer que mudar é algo que parte de mim. Eu posso trabalhar o meu eu. Mas eu não consigo mudar o outro. Eu não tenho o controle de moldar o outro. Isso é algo que parte de cada um e cabe a nós, enquanto partes de um todo, tentar nos entender da melhor forma possível nisso que chamamos de universo. Eu acredito que tudo afeta a todos, claro que em proporções diferentes, mas somos partículas de algo muito maior.

Hoje eu quero que você esteja bem consigo mesmo.

EM CARNE VIVA

Me deixa navegar nas águas turbulentas do teu ser. A maré está calma? Posso entrar sem me afogar? Não importa. Entrarei, mesmo assim. E não ligo se a água estiver gelada, desde que você esteja quente. E que me aqueça. E que sejamos brasa. Deixa queimar. Até sobrar a gente. Em pele. Em carne viva. Porque viver é essa eterna ferida exposta que tentamos amenizar cobrindo com um band-aid. E então cicatriza. Dizem que sara.

Me chama para uma última dança. Uma última noite. Um último gole. De ti, do vinho, do gosto, do vil. Me deixa sentir tua respiração colada no meu rosto me inebriando com esse teu hálito quente de álcool, de trago, de toda essa tua boca que brisa o ar de quem se permite experimentar todos os gostos e as sensações e os sabores e os amores. E os desamores.

Me grita aos berros na rua. Vamos invadir a madrugada. Com a lua nos espiando como testemunha do nosso... não sei bem dizer o que temos. Ou que teremos. O que somos. Ou que seremos. Só temos. Só somos. Eu acho. E é intenso, complexo e lindo. Mas existe? E ferve. E brilha. Mas não tem nome. Não precisamos nomear aquilo que só sabemos sentir. Só de pensar na possibilidade de esbarrar em ti na próxima esquina, minha garganta entala e meu estômago é um perfeito carnaval em folia dentro de mim.

Me conta sobre tua semana. Sou todo ouvidos. Me acorda com o teu bom-dia. Me prepara um café. Me deixa ser o último a te dizer boa noite. O que tu és? O que tu queres? Eu já não sei se tu não passas de uma fantasia louca de um escritor à beira da carência. Porque esse sou eu. O que fantasia, o que se ilude, o que se perde em seus próprios devaneios autorais. Eu sou língua, sou palavra, sou afeto, sou sujeito. E a ti sobrou ser predicado dessa oração que ainda vai ser construída nas linhas do destino. Se é que isso existe.

VISUALIZOU E NÃO RESPONDEU

Ele olha para a tela do celular. Nenhuma mensagem. Nem direct e nem WhatsApp. Messenger, esse, nem se fala! Está morrendo junto com o Facebook. Então ele se pergunta se ela valia mesmo toda aquela ansiedade. Em um outro tempo diria que sim. Que ela justificava as noites mal dormidas que passavam conversando. Divididos por uma tela, a madruga era pequena para tanto assunto aleatório.

Hoje ele vai dormir sem sequer um boa-noite.

Deve ser carência. Ele tem essa estranha necessidade de atenção. Não por uma questão de ego. Talvez seja o medo da solidão. Talvez ele ainda não acredite no famigerado amor-próprio que tanto se prega por aí. Inseguro demais, tímido demais. Acaba pecando por excesso. Resultado: se entrega demais depois de simples conversas casuais.

Nunca sabe se está apaixonado ou se não passa de uma fantasia.

Do outro lado, está ela. Sem tempo a perder com pessoas como ele. Sempre seguindo o baile depois do último relacionamento tóxico. Agarrando a liberdade com unhas e dentes. E ninguém pode culpá-la. Porque ela está assim – livre. Para escolher tanto se apaixonar quanto não se deixar levar.

E a verdade é que ela não gosta dele.

É uma dessas verdades duras de ouvir, como um remédio que não gostamos de tomar, mas precisamos. E quem sabe é disso que ele precisa. Abrir novos stories, bater um papo com novas pessoas, sair com os amigos e, acima de tudo, aprender também a curtir a sua própria companhia de vez em quando.

Ele precisa entender o seu próprio espaço antes de tentar encaixar alguém nele.

UM ESCRITOR EM CRISE

Parece que vai começar a temporada de frio. Dos dias abafados que terminam com noites de chuva. De solidão. Da insônia fadigada que ora espreita o teto, ora olha para a tela do celular. Nenhuma notificação. Afinal, é madrugada. Os lençóis estão úmidos. Um prato cheio para a rinite. A cama tem espaço demais. Comigo, só essa maldita tosse insistente! Nessa hora me pergunto por onde é que você anda, além de frequentar os meus pensamentos.

Pronto, acabaram aí as palavras bonitas! Gastei tudo nesse primeiro parágrafo.

Agora olho para a tela branca do notebook tentando achar inspiração para terminar esse texto de quinta. Estou com aquilo que os escritores chamam... como é mesmo o nome? Ah, lembrei, "bloqueio criativo". Chique, né? Eu tenho disso, às vezes. Hoje eu não queria falar de você. Nem de mim. Talvez da solidão, talvez da saudade.

Do trago do cigarro que eu não fumo ou da dose de whisky que eu não bebo.

Acho que falta isso. Me faltam esses clichês narrativos. Me faltam uns óculos retrô na cara. Me falta uma máquina datilográfica. Até um dia desses eu só tinha você e um bloco de notas no celular. Hoje, cá estou, evitando bater na mesma tecla da mensagem visualizada e não respondida, que metaforicamente equivale aos amores não correspondidos em tempos de internet.

Mas, afinal, o que vocês querem ler?

Logo eu, que sou capaz de fazer da azia, poesia, e da rinite, prosa, hoje escrevo descompassado esse emaranhado de linhas tortas. Eis a sina de um escritor. Essa ânsia de escrever, essa fome por palavras que, quando há sentimento – seja de amor ou de dor – transforma o caos em rima e a paixão em refrão. Mas nem sempre é assim.

E eu só consigo olhar para uma tela em branco. Uma folha em branco. Tudo em branco.

Uma vez me perguntaram de onde eu tirava inspiração para escrever toda quinta. Oras! Das histórias não contadas, da vida inventada, dos amores a serem vividos, da saudade apertada, da beira do abismo, da palavra silenciada, do orgulho sentido e da mensagem não visualizada.

De você, que talvez saiba que é você. E de mim, que talvez já seja página virada.

TEQUILA

Noite de sábado. Eu sempre encontro você ali. Naquele mesmo bar. Às vezes, vestida de ouro como o sol que cega aqueles que olham diretamente para os raios. Às vezes, vestida de prata como a lua cheia que espia os bêbados, os poetas, os loucos, as putas, os solitários e os perdidos de amor.

Eu só queria uma dose.

Eu só queria você por aquele breve instante. Porque você é a combustão perfeita que faz o meu peito arder. Porque você é fogo que queima assim, sem pedir licença, percorrendo cada veia e cada artéria e cada parte do meu ser.

Da alegria da madrugada à azia do amanhecer.

Em meio a toda aquela gente que passa e aquele som que toca e aquela fumaça que paira no ar, eu sinto que a rua está viva. E é exatamente nessa hora que eu preciso encontrar você. Sentir você. Porque só você é capaz de ser o veneno e o antídoto, o pecado e a cura, o amor e a dor.

Sal e limão.

Você dança dentro de mim. E a gente dança como se o mundo estivesse acabando. Numa fração de segundo, tudo brilha e ferve e arde e grita dentro como coisa viva. Como coisa que pulsa. E o sangue esquenta. E o calor passeia por entre meu corpo. Estou vivo como a rua.

Levemente embriagado.

A madrugada cai, mas eu ainda estou ali, de pé. Me recuperando ainda do nosso último encontro. Respiro e encaro a multidão. Catarse: eu posso jurar que naquele instante eu estou alegre. Mais que isso – feliz. *Drunk in love*. Mal posso esperar para ver você novamente.

Te quiero, Tequila!

SORTE

Eu queria ter a sorte de encontrar alguém que olhasse para mim de um jeito diferente. Pupilas dilatadas, sabe? Com aqueles olhos que sorriem. Como se quisessem me desvendar. Mais que isso – como se quisessem me conhecer. Alguém capaz de me despir a alma só com o olhar. E se encantar.

Então eu olharia de volta.

Eu queria ter a sorte de encontrar alguém que sorrisse para mim. Como se estivesse vendo a pessoa de que mais gosta na vida. Eu me acharia. Não de um jeito presunçoso. Mas feliz por ser o motivo que arranca o sorriso mais genuíno que alguém pode ter. Daquele sorriso desmedido que estampa um rosto apaixonado.

Então eu sorriria de volta.

Eu queria ter a sorte de encontrar alguém que dançasse para mim. De um jeito desajeitado, com passos descompassados, com ginga ou sem tanto gingado. Daquelas pessoas que dançam felizes como se ninguém estivesse olhando. Que me tirasse para dançar, seja forró, reggae ou até o passinho do brega funk.

Então eu dançaria de volta.

Eu queria ter a sorte de encontrar alguém com quem compartilhar. Dividir o sofá da sala para ver um filme na

Netflix ou os fones de ouvido com aquela última música que descobri no Spotify. E os lençóis, a madrugada e o mau hálito matinal. Alguém para quem eu possa dizer o quanto adoro o anoitecer e café e tequila e cinema e sábado e comer. E que tudo isso dá para ser vivido a dois.

Então eu lembro que nunca fui muito um sujeito de sorte.

AMANHÃ

queria provar um amanhã diferente,
com gosto de coisa nova
com o cheiro do desconhecido – ou
do conhecido que há tempos
eu não sinto, eu não vejo
eu não como, eu não bebo
como se o amanhã trouxesse
um sol mais quente, uma chuva mais fria
um pingo de esperança, uma gota de euforia
como se o amanhã tivesse o gosto
do picolé de morango de zé de sofia.

queria acordar num mundo imaginado por john lennon
aquele onde todas as pessoas vivem a vida em paz
como se a paz fosse palavra de ordem
que o nosso espírito tanto busca
vagando em meio ao caos
queria um amanhã com o brilho no
olhar dos apaixonados pela vida
como os amantes de vinho, de aventuras, de cinema
desses que não se contentam apenas
com mensagens e telefonemas
porque se contentar é um verbo com fome
e, enquanto o hoje seca, o amanhã vem abundante.

queria que o amanhã fosse uma carta
daquelas que já não se escrevem mais
que os correios tivessem o trabalho
de vir deixar no meu lar
que eu abrisse o portão com esperança
de pegar com as próprias mãos
abrir, ler e encher os olhos d'água
queria ver o amanhã dançando na chuva ao abrir a janela
que o hoje percebesse o quanto o amanhã está feliz
queria que o amanhã fosse
aquela flor que nasce atrás do muro
que eu ainda não consigo ver
mas acredito que sejam rosas.

PERDIDO

Às vezes me perco nesses dias iguais. Me perco na solidão da minha cama, nas páginas dos livros que leio, nas músicas que escuto antes de dormir, nos episódios da série que estou maratonando e nos pensamentos que passeiam pela minha mente invernal – quando olho pela porta a chuva que cai fria lá fora. Me perco em cada gota.

Quando e onde vou me achar?

Talvez eu me encontre em mim mesmo, por mais redundante que isso seja. Como a serpente que morde o próprio rabo. Sou exatamente os quadros pendurados nas paredes do meu quarto, os livros guardados que se enchem de poeira esperando minha leitura, as canções que ouço quando bate a *bad*, o personagem solitário daquela série que acredita em destino – e a própria chuva que cai na tarde de um dia qualquer, de uma semana qualquer, de um mês qualquer.

Afinal, o calendário enlouqueceu.

E os dias estão passando como um trem que dispara pelos trilhos de uma linha reta. Qual o destino? Essa é a pergunta que todos nós nos fazemos. Às vezes nos preocupamos tanto com a chegada que acabamos não apreciando a paisagem. E olhe que não sabemos se a estrada é longa ou curta! Viver talvez seja escrever errado por linhas retas.

Sempre haverá pedras no meio do caminho.

Talvez, por dias que não se distinguem, enumerando um calendário insano, busquemos dentro de nós as diferentes partes que nos compõem e que nos tornam únicos. O grande encontro com o ser que nos habita – o humano. Aquele que está no mais profundo do nosso íntimo. Aquele encoberto por nossos medos, erros, defeitos e imperfeições. Aquele que muitas vezes se esconde nos escombros esperando ser encontrado e trazido à luz.

Talvez eu me encontre no que eu escrevo.

RASCUNHO

Ah, queria eu ser compositor para te fazer uma canção. Pegar o meu violão, te esperar aparecer na janela e cantar aos quatro cantos, ao vivo e exagerado – com mil rosas roubadas – que a vida chega a ser engraçada quando se tem alguém assim por perto.

Ah, queria eu ser pintor para te fazer um retrato. Com todo o meu trato, te desenhar em tua imperfeita simetria, com o toque e sem muitos retoques, porque, mesmo tua face não sendo harmonizada, ela combina – perfeitamente – com o ser humano incrível que estampa teu olhar.

Ah, queria eu ser fotógrafo para te registrar como um momento. Daqueles que a gente faz a foto espontaneamente, como uma polaroid. Captaria a luz do sol batendo nos teus olhos, a tua tatuagem escondida ou as covinhas que se formam no teu sorriso torto de quem sabe ser feliz com pouco.

Ah, mas a vida me fez escritor, às vezes metido a poeta. E eu só posso te fazer assim, entre prosa e poesia, rimas e versos, frase e oração – entre linhas. Quem sabe um dia eu te encontre nas palavras que eu escrevo e tu não sejas mais apenas um rascunho – mas texto.

PELA JANELA

Às vezes paro em frente à janela e olho bem dentro do olho da rua. Esperando, talvez, que o universo esteja me olhando de volta, bem ali, atrás daquela árvore. Quem sabe por meio do olhar daquele pássaro que pousa no fio do poste. Quiçá além do arco-íris que pinta o céu no meio da tarde.

A vida é ação: acontecer.

Acontece que há dias que parece que o universo se escondeu entre as plantas, voou bem longe ou se desfez como o arco-íris que vai embora quando a gente menos espera. Então eu fico lá, encarando a rua, sentindo como se ninguém estivesse olhando de volta.

A vida é fenômeno da natureza: está chovendo.

E quando chove não há outra coisa a fazer a não ser fechar a janela. Talvez naquele momento o céu esteja chorando por algum motivo. Quem sabe limpando toda a sujeira que há nas calçadas. Quiçá mostrando que depois da tempestade vem a bonança.

A vida é estado: ela é.

É tudo aquilo que continua acontecendo. Ela é a rua que ficou lá fora, e eu fiquei aqui dentro esperando a chuva passar. Assim eu venho aprendendo que viver é a janela

QUINTA-FEIRA **121**

que eu abro ou que eu fecho, porque acordamos sem saber ao certo se fará sol ou chuva.

A vida é verbo.

O PARTO DA NOITE

vejo por trás da torre da igreja o sol que se põe
silenciando a tarde e anunciando a noite – glória!
naquela cidadezinha, que é minha,
às 17h30 reina o silêncio
do vazio, das ruas ladrilhadas com pedras de piçarra
cheirando à infância de um menino
cheio de sonhos na gaveta
que ainda acreditava num mundo melhor

a criança agora é grande e o mundo não vai tão bem assim
tem vezes que falta o ar, parece até o fim
mas talvez seja começo do novo, do desconhecido
quem sabe o raio que ainda prende o sol ao céu
dure o tempo necessário para salvar a todos nós
e talvez a noite seja uma grata esperança e não um algoz

porque do frio nasce o duro, o lamento, o escuro
no qual não se distingue cor e todo sangue é vermelho
e toda alma é capaz daquilo que lhe traz paz
seja o acalanto, seja o pranto
e o silêncio e o grito são irmãos que brigam
pela atenção de uma mãe cansada

vê, escuta, sente – só não finge que não é nada
é a glória de uma tarde findada,
que morre para a noite nascer
as estrelas estão um caos! tudo é poeira, pó, farelo
que brilha em um céu de todos
a vida é mesmo um sopro e um soco
bem na boca do estômago.

CUIDADO: FRÁGIL

Tem dias que a gente acorda pelo avesso, expondo um coração frágil que cansou de tentar ser forte. Nesses dias tudo parece demais.

A cena triste de um filme, o trecho de um livro, a música que você escuta ao encostar a cabeça no travesseiro antes de dormir, as notícias do jornal, a neblina fininha que cai no meio da tarde e as lembranças que até então estavam trancadas nas gavetas da memória.

Tudo pesa.

Mas você queria a leveza de dias amenos. Queria caminhar pelo bosque e não na beira do abismo. Queria dançar. Não correr. Quem sabe cantar alto no chuveiro para exorcizar aquilo que vem te sufocando.

E que você nem sabe ao certo o que é.

Porque não tem cara, não tem forma, não é palpável. Mas está lá. E só dá para ser visto assim, pelo avesso – aquele que você tanto esconde, até que um dia não dá mais.

Então você exibe o mais íntimo de si.

Despindo-se de toda perfeição. O nu de dentro para fora. Sem charme, sem filtros, sem poses. Apenas do jeito que ele é – vulnerável, sensível e sincero. Hoje, frágil. Amanhã, quem sabe, forte.

Porque é preciso ser forte para sustentar a fragilidade de um coração que sente muito.

O VAZIO CHEIO DE SI

Na imensidão de mim mora o finito. E os dias são como pássaros que voam em bando num céu distante – quase inalcançável. Como tocar a alma que lateja num corpo fadigado pelo tempo. Como tocar a lua.

O instante confunde-se com o presente. Tudo se resume ao agora.

E o agora é a lembrança que vai ficar na memória daqueles que sobreviveram ao hoje. Viver talvez seja dançar no limite da glória. Os ponteiros valsam com pés inchados na cadência do pulsar. Tique-taque.

A vida é o grande salão que abre as portas sempre à espera de uma última dança.

A passos largos eu rodopio com minha solitude – nome bonito que eu dou à minha solidão. Esta que sempre está à espera de um par. Talvez porque bailar no meio do furacão exija o calor do toque. E o um quer ser dois.

A madrugada é fria demais para um só travesseiro.

Sonhar ainda cabe dentro do possível, mesmo quando a realidade se veste de insônia. Eu viro de um lado para o outro da cama e só consigo enxergar o vazio coberto com o lençol. O silêncio é gritante.

Afinal, ao final da noite, estamos todos sozinhos?

GIRASSÓIS DE VAN GOGH

gira o vento, gira a vida
rodopios de quem se perde no meio
da avenida
buscando encontrar-se em multidões
aos montes
mas não acha, ainda que bem diante
da retina
porque enxergar é chegar perto
daquilo que não se vê
tantas cores e sabores e amores
e desamores
no meio de flores que enfeitam
rotinas
da mesinha às esquinas
girassóis
pintados, ceifados, colhidos
e esquecidos
afogados em jarros
pendurados em telas
como quem colhe a beleza e depois
guarda
mas passarinho preso não canta
liberdade é girar sol
ah, sabiá, eu não sei assobiar
quanta coisa eu não sei

nesse mundo de quem sabe tudo
e assobia
olho pro céu e vejo as nuvens
em euforia
dentro e fora
chove em mim, chove lá fora
eu me rego, me enxergo
bem me quero
no meio de toda essa alegria e agonia
que me gira do avesso
pois mesmo no caos, eu floresço
o amarelo
dos girassóis de
mim.

RESSIGNIFICAR

A vida às vezes sopra em nosso rosto a brisa do inexplicável. E com isso faz tremer os nossos ossos, arrepiar a nossa epiderme e expandir a nossa mente como quem diz: é tempo de ressignificar. Encontrar algum sentido para além do alcançável; abrir as portas de si, que há tempos andavam fechadas para o mundo. Tirar a poeira da alma e deixar a luz entrar pela fresta da janela, como a esperança que chega e nos abraça com afeto. Reacender qualquer fio de energia que nosso corpo possa emanar.

Afinal, tem uma vida que pulsa dentro dessa armadura que criamos rotineiramente.

Tem dias que acordamos e nos sentimos nós contra o mundo. Então nos revestimos de espinhos, paus e pedras e achamos que só temos isso a oferecer. Uns trazem mãos calejadas e outros carregam um peito fadigado e uma mente cansada.

Mas o presente é andar para a frente, ainda que olhemos para trás.

Porque olhar para o passado é procurar se reerguer diante daquilo que nos fez cair. Não há como seguir adiante sem lembrar da queda, mas não podemos permanecer no chão para sempre, mesmo que levantar signifique nos tirar da zona de conforto.

Talvez haja um caminho lindo esperando para ser trilhado – novamente.

Viver é cíclico – algumas vezes dói e arde, outras vezes cicatriza e sara. Ressignificar é transformar cada ferida em aprendizado, é se permitir sonhar ainda que sob uma nova óptica, é ter a consciência de que nenhum caminho é fácil.

Mas que precisamos nos dar essa chance – mais uma vez.

PIPA

tocar a tarde é o que eu faço de mais
simples e singelo e sincero
com dedos que apontam sem
julgamento o silêncio do céu
de uma quinta-feira que se despede do sol
e longe ele vai dando lugar a uma chuva
fininha que molha todo canto e recanto
do entardecer

pois antes tarde do que agora, porque o
agora é tão rápido e frágil e urgente
e nesse peito quem mora é gente
que ainda espera – e se desespera – com
esse hoje eloquente
que não se contenta com a calma de quem
ainda olha para o céu no fim de tarde
com esperança

o tempo é uma criança que quer brincar
e os sonhos ainda serão fabricados
eu vejo a pipa que dança próxima
daquela nuvem – distante
como se o desejo estivesse muito perto
e ainda assim muito longe
de quem ousa ser livre para sonhar e voar e partir
e rodopiar

no meio do céu, no meio da rua,
no meio do quintal, no meio da loucura
que é ser – ser humano – água-viva, oceano
como castelo de areia que se desfaz
com o simples tocar da onda
somos coisa viva que pulsa sempre à espera
mas de quê?

ÁGUA CONTIDA

ando cansado como se minha mente criasse pernas a correr por entre dias de monotonia que insistem em tentar a sorte, esse bicho que se esconde dos menos afortunados – os que, assim como eu, acabam à mercê de um acaso

que mais parece um descaso com aqueles que tanto sentem e trazem consigo a dor e a alegria de estarem vivos, porque viver exige tanto de todo mundo que não se contenta nem só com um sorriso e nem só com uma lágrima

se ousarmos ultrapassar qualquer limite, nos perdemos dentro desse desatino que criamos dia após dia, em meio a caos e pandemias, tentando se agarrar a qualquer fio de esperança na busca de criar laços

que por vezes acabam virando nós – não *nós* pronome, mas nós daqueles que se criam na garganta entalada com tanta indiferença dessa raça que chamam de ser humano na teoria, mas que anda em falta com a humanidade na prática

ando farto de tanta coisa que um só texto não exprime em palavras todo o sentimento acumulado nesse oceano de água contida dentro de um peito que sente muito – e sentir muito às vezes cansa

é preciso deixar jorrar.

ERA VIDRO E SE QUEBROU

e ainda que eu trouxesse flores e versos e noites
você me trairia com o olhar
esse que não consegue sustentar
sem deixar escapar a falta de amor
porque já não ama
nem os girassóis e nem os poemas e nem os lençóis
a madrugada ficou pequena para caber duas
pessoas que já não se encontram

é pedir demais ter que amar por dois

e ainda que eu cantasse embaixo da sua janela
a melodia mais linda que alguém já compôs
seria só mais um esforço, um berro,
um ato de desespero de um tolo
porque já não ama
nem as serenatas e nem o timbre e nem as notas
agora você prefere o silêncio

ficamos fora do tom

e ainda que eu olhasse bem no fundo
dos seus olhos castanhos
você não seria capaz de me enxergar
para além do que seu olho indiferente quer ver
porque já não ama
e olhar a fundo é ter que despir a alma de toda rigidez
mas prefere vestir-se com teu manto
de certezas sólidas e verdades únicas

toda essa solidez um dia vira solidão.

SÓ NÃO REPARA A BAGUNÇA

É, anda tudo meio bagunçado. O cabelo, o guarda-roupa, a vida. Tem poeira e sentimentos espalhados por todo lado. Estou perdido em algum canto do quarto nesse emaranhado de sensações quase palpáveis, mas que não consigo explicar através de palavras. Apenas sentir.

Debaixo das cobertas o frio me faz companhia – tenho dormido de meia nesses últimos dias.

Está tudo meio inconstante, desde as temperaturas até as emoções. Os dias têm sido tempestivos, chovendo lá fora e pingando aqui dentro. Não de casa, mas do peito. Uma goteira bem em cima de um coração ansioso. Uma hora transborda.

E então me deixo levar pela correnteza.

Como se estivesse sendo arrastado pelos dias, vivendo um de cada vez, ainda que sempre pareça o mesmo. Alimentando minhas expectativas, ainda que com promessas magras. Esperanças com mais osso do que carne.

Dentro de mim moram infinitos desejos famintos.

E dentro do guarda-roupa, sonhos pendurados em cabides esperando para serem vestidos. Como aquela roupa nova que há tempos está ali esperando a ocasião certa. A fantasia olha para o espelho da penteadeira e deseja se tornar realidade.

É como ver apenas o reflexo do sonho não vivido – ainda.

Porque se até de rochas nascem flores, uma hora ou outra no meio de toda essa bagunça haverá de brotar algo bom. Na cadência de um coração inquieto os batimentos dançam – e toda a agonia vira poesia.

Pode entrar. Estou aqui no quarto arrumando meu guarda-roupa. Uma coisa de cada vez.

A ÁGUA ESTÁ SALGADA?

Saudade de um mergulho. Aliás, o que não falta é saudade acumulada aqui dentro gritando para sair. Aquela vontade de ir domingo ao cinema, comer aquele saco enorme de pipoca que muitas vezes esvaziamos ainda nos primeiros minutos do filme. Saudade de ver minha amiga comprar um refrigerante de um litro para durar toda a sessão. Saudade, inclusive, dessa amiga que há meses eu não vejo.

O coração é um filme mudo querendo falar.

Aquele desejo de andar pela praia e sentir os pés nus caminhando esfoliantes na beira do mar. E o sol queimando a pele, seja despontando no horizonte, seja despedindo-se nas dunas. Saudade da playlist do meu amigo tocando Cidade Negra e Natiruts e toda a galera reunida sentido a *vibe* – deitada à milanesa na areia.

Eu queria a brisa vibrante batendo leve no rosto, ao invés das pancadas da vida.

Aquele anseio por conversar, rir, fofocar baixinho e cantar bem alto "Somos tão jovens" na mesa de um bar com os amigos num sábado à noite. O papo que há meses não está em dia. Saudade de quando brindávamos sem nem ao menos saber a quê. Só nos restava o riso depois do brinde e era o suficiente para nos embriagar de felicidade.

O céu anda estrelado, mas as mesas, vazias.

Tem tanta saudade pelo caminho. Tem a falta daqueles que se foram, tem a ausência de um abraço bem dado. Tem os dias que correm incertos por entre um calendário que se perdeu nas próprias páginas. E tem eu. E tem você. Com saudades infinitas, imensas e vivas.

Guardadas no peito, colecionadas num potinho – tem saudade de toda cor.

VENTO

a fragilidade pesa os ombros de quem
acostumou-se a sentir muito
rangendo dentes de mágoas em bocas
cheias de palavras engasgadas
atravessadas nesse oceano que chamam de peito
águas turvas banham grandes olhos
com lágrimas salgadas
a represa de si se rompe
e as comportas já não são capazes
de segurar todas as aflições contidas
agosto abre a boca e engole dias intermináveis
palavras escorregadias, promessas líquidas
o céu da boca anoitece sem estrelas
o olho da rua se fecha, adormece e sonha
sonhos longínquos
correndo atrás do amanhã, que insiste em se esconder
em bosques que um dia foram verdes
os galhos estão secos, as ilusões semiáridas
dá-me água! molha a garganta de quem tem sede
rega os sonhos de quem ainda é capaz de ousar sonhar
a resistência é um cacto cheio de espinhos
vaidade é achar que sempre é tempo de florescer
as estações cantam não só o prazer,
mas o sofrer e o acontecer
acontecemos o tempo todo

carregando quilogramas desnecessários
litros e mais litros de suor e choro
falta o riso, falta o gozo
de uma vida que quer sorrir
com leveza na calçada de sua casa
balançando-se numa cadeira velha,
com o vento beijando sua face.

ÀS VEZES...

Às vezes é sobre recomeçar. Em novos lugares, com novas pessoas e outros olhares. É sobre respirar novos ares. Saber onde deixar o barco ancorar, esperando que dessa vez ele fique por um bom tempo. Fazer desse novo cais mais um ponto de chegada – sem previsão de partida – e olhar para o horizonte como quem descobriu uma nova paisagem.

É se encantar mais uma vez com o começo de algo.

Às vezes é sobre deixar-se ir. Desfazer-se de pesos desnecessários, enxugar as mágoas que ainda molham o travesseiro e abrir os olhos a cada amanhecer com esperança de dias melhores. Eu sei que não está fácil. Mas aconteça o que acontecer, é preciso procurar extrair o que for bom e deixar de lado tudo aquilo que nos consumir tempo, energia e vida.

Tenha o seu próprio tempo e faça dele seu porto seguro.

Às vezes é sobre não ter pressa. Afinal, nem tudo precisa ser uma competição e nem todos precisam ser seus concorrentes. É entender que o tempo é subjetivo demais para ser subestimado. Estamos tão preocupados com a hora certa ou a pessoa certa que muitas vezes deixamos passar a beleza dos detalhes incertos que fazem toda a diferença.

A ansiedade é a maior furtadora de momentos.

Às vezes é isso. Exatamente esse grande e inquietante "isso" – abstrato e imprevisível. Pronome demonstrativo. Guardando consigo surpresas, acontecendo em frações de segundo, esgotando possibilidades, anunciando novidades, fechando portas e abrindo janelas.

Isso é a vida – cheia de novos começos.

DO CAIS AO CAOS

Tem dias que o coração é um grande cais, esperando ávido pela próxima embarcação, aguardando que o vento traga boas novas, desejando a calmaria da tarde de um domingo azul. E tem dias que ele é um grande caos, arfando num peito ansioso, como barco que enfrenta tempestades, como mergulhar em águas turbulentas.

Remar nem sempre é o suficiente.

No céu os pássaros brincam. No rio as crianças se banham. No sol estamos cada um de nós lutando por um lugar. Carregando promessas cegas, depositando esperanças em potes abarrotados e tentando nos reconstruir a cada movimento, a cada escolha, a cada amanhecer que traz consigo um novo dia.

O amanhã sempre dá um jeito de bater à porta.

Mas estamos preparados para o que virá? O tempo às vezes castiga até o mais otimista dos homens. E todo cais vira caos. Porque a correnteza é capaz de arrastar o barco para longe de seu destino. Porque o mesmo vento que sopra a brisa no rosto dos que sonham é capaz de transformá-la num furacão.

É tempo de ancorar.

É PRA VIAGEM?

Primeiro cômodo, último andar. Da janela ele observava o sol que se despedia.

Os raios morriam lentamente. Seus olhos conversavam com a beleza do findar. Pensou consigo mesmo: há partidas que são lindas, ainda que te deixem no escuro. Contemplou o próprio silêncio e sorriu carinhosamente para a noite.

Continuou ali de pé por mais um minuto – ou quem sabe uma vida. Afinal, quem estava contando?

Pela primeira vez se sentiu maior que o breu. Mais que isso – vestiu a escuridão como quem prova uma bebida pela primeira vez. Brindou aos céus e de um só gole bebeu as estrelas.

Poderia jurar que naquele momento os anjos batiam palmas.

Desceu as escadas e chegou ao térreo ainda ofegante. Não soube dizer se dos degraus ou do ar que invadiu seus pulmões na sacada. Sempre achou que a dúvida fosse irmã da existência – nascidas de um mesmo útero, com alguns segundos de diferença.

E do mesmo ventre geraram-se a verdade e a ilusão.

Os pés cansados enfim sentem a calçada. O cheiro da rua mistura-se com o perfume que vem de uma lembrança guardada, como uma fotografia antiga que já nem sabíamos mais que tínhamos. Mas ela sempre esteve ali. Apenas envelheceu com o tempo.

Caminhou até o café da esquina.

– É pra viagem?

– Não, estou esperando alguém.

VITROLA

e quando a música toca é quase como se eu te ouvisse
bem pertinho do meu ouvido,
como quem sussurra baixinho
"eu gosto de você"
do jeito mais sincero e genuíno que alguém poderia dizer
e cada batimento rodopiasse
como disco que dança na vitrola
e eu nunca me cansasse
nada além de uma linda ilusão
diz o verso da canção
e eu giro junto com o disco, com o risco, com o vício
a dependência insana de querer e não achar o mesmo tom
há quase uma beleza na fuga,
como duas pessoas que correm
sem nunca se encontrar
como se a espera virasse arte
como se a vida confundisse azar e sorte
e imitasse o passo descompassado
dos que dançam como se o mundo estivesse acabando
a dança dos poetas, dos bêbados
e das putas da madrugada
os cachorros não param de latir

a luz do poste cega os olhos de quem tanto quer ver
olhos grandes como a noite – pupilas dilatadas
agora se escondem por trás de pálpebras cansadas
deito no sofá
e quando a música toca é quase como se...

À BEIRA DO ABSURDO

Às vezes sinto que a humanidade está desmoronando. Como quem cai e tenta se reerguer dia após dia. Como se escorregássemos em tentativas falhas. Sinto isso quando vejo o noticiário da TV, os caracteres das redes sociais, a cegueira seletiva da justiça.

É como se a frieza tomasse o lugar da empatia, como se faltasse um abraço bem dado, o calor do aperto de mãos, o toque humano em sua forma mais genuína de ser. E o que nos separa de tudo isso não é apenas um vírus – e sim a falta de afeto, respeito e sensibilidade.

Porque, quando tudo isso passar, o que continuará de nós? Será sempre essa ânsia de poder? Esse capital faminto nos devorando corpo e alma? Essa luta incessante por direitos básicos? Essa falta de bom senso?

É como se cada resquício humano que ainda nos resta estivesse respirando através de aparelhos. Como se a humanidade que nos habita gritasse por socorro a cada vez que uma mulher é estuprada, que um negro é humilhado, que uma pessoa LGBTQIA+ é assassinada, que uma idosa é maltratada, que uma criança é abandonada, que a natureza é ameaçada – e tudo isso a troco de quê?

O que faz do ser humano maior do que ele pensa que é? O que faz eu enxergar todas essas coisas e sentir a perversidade de cada uma delas, que não permite que outras pessoas enxerguem o mesmo e até compactuem com tal tipo de comportamento?

Chega de deslegitimar vozes, chega de dizer que tudo é mimimi, chega de confundir liberdade de expressão com discurso de ódio. Me custa acreditar que viemos ao mundo para gastar energia odiando ao invés de amar. E se ainda não somos capazes disso, que pelo menos tenhamos a destreza de saber respeitar.

E lembre-se: nem tudo precisa girar em torno do dinheiro – dê um sentido para ele, mas não faça dele o único sentido da vida.

PRIORIDADES

às vezes o amor está na esquina, encostado num poste, com a boca aberta, encarando a rua quase nua, debaixo de uma grande lua – e você passa como quem atravessa a calçada sem prestar muita atenção, contando os passos com exaustão

sem nem se dar conta do vira-lata que te espia com olho pidão, da lata de lixo próxima ao portão, do sinal que abre com exatidão, dos faróis do carro ofuscando a visão

e você quase dá bem de cara com o amor, como quem esbarra no braço do camelô – mas acabou! passou, não observou, sequer notou! coitado do cachorro, do vendedor e daquele que tanto esperou, esperou e esperou

que você olhasse para trás, que a sorte fosse capaz de muito mais, que o cupido acertasse o alvo e todos os anjos cantassem a glória de uma prece de mil anos atrás - que o universo assim o faz

ou pelo menos faria e assim acabava com toda a agonia, mas você mudou de via, andou rápido demais quando não devia, ou talvez tenha apenas agido como qualquer um faria, como quem deseja chegar em casa porque já está cansado no fim do dia e, cansado de sentir demais, de tentar sempre enxergar o outro e de se colocar para trás, de criar expectativas e de se decepcionar cada vez mais – uma hora o peito fadigado só que encontrar uma coisa: paz.

ESTOU TENTANDO

Um dia desses me olhei no espelho por trás dos óculos que agora desenham meus olhos, e a maturidade ali refletida me olhou de volta. Foi como olhar para mim e ver o adulto tomando forma.

Os meus fios de cabelo já não são os mesmos, tampouco minhas concepções.

Venho tentando. E tentar tornou-se um verbo quase íntimo. Venho tentando me construir, desconstruir e reconstruir. Tentando ressignificar. Tentando acreditar. Tentando cada vez mais observar – a mim e àquilo que me rodeia. Tentando entender, compreender e até esquecer – se preciso for.

Entre uma e outra tentativa, eu irei errar.

E talvez hoje eu perceba, com mais clareza, que errar faz parte, é natural, é inevitável. E tudo bem. Eu preciso me convencer disso, e não apenas ficar remoendo sempre que algo não der certo ou não suprir minhas expectativas.

E que eu não fique mal toda vez que eu não suprir a expectativa do outro.

Eu tenho meus defeitos e meu guarda-roupa bagunçado. As roupas eu arrumei no último sábado e as imperfeições eu tenho a vida inteira para trabalhar. Afinal, crescer é tentar caber num mundo de outras pessoas também grandes. Os dilemas são os mesmos, apenas com endereços diferentes.

Perceber-se adulto é olhar para o outro com a empatia de saber como ele se sente.

Estamos todos tentando.

SOSSEGO

Sossega, moço, esse peito que te aperta. Deixa soltar. Fluir como balão colorido que se perde entre as nuvens. Tem um céu te esperando para ser contemplado no final da tarde. Tem a areia da praia desejando teu tato num domingo de manhã. Tem a noite que anseia pela tua chegada. Abre a janela e namora as estrelas.

Sossega, moça, esse coração que te inquieta. Deixa jorrar, desatar os nós que ainda te embaraçam de ilusões. Tem momentos e pessoas que passam e, se não ficam, é porque já deu a hora de ir. E tudo bem. Não adianta mais tentar caber dentro do que ficou pequeno demais para a sua grandeza.

Sossega, moço, essa ansiedade que divide contigo os travesseiros. Para noites mal dormidas, haverá sempre um café fervido e um dia a ser vivido – um de cada vez. Você precisa aprender a viver o instante na plenitude do hoje, sem carregar o peso do ontem e nem a ânsia do amanhã.

Sossega, moça, essa pressa que te cobram. Você só precisa deixar as coisas acontecerem de acordo com o seu tempo. O quintal do teu vizinho pode até ser mais verde, mas já reparou como as plantinhas da tua varanda estão ficando lindas? E você está crescendo junto com elas, com raízes fortes preparadas para qualquer ventania. Só não esquece de regar: as plantas e os sonhos.

Sossega, gente, por mais difícil que esteja. Haverá noites de tempestades com chuvas que não parecerão ter fim, haverá tardes nubladas de incertezas e haverá dias amenos como a brisa que beija o rosto daquele que ainda olha para o céu com esperança. O tempo muda. E não há mal que dure nem ferida que não se cure. E se eu te peço isso, é porque tento convencer a mim mesmo toda vez que acordo: sossega!

É SOBRE SABER COMO FOI SEU DIA

Às vezes é sobre alguém que te compreenda. Que entenda seus gostos, jeitos e manias. Que não julgue a forma como você tira a salada do sanduíche. Que no banho ache engraçadas as tuas coreografias.

Que ache encantadora toda essa pose de intelectual por fora, mas que por dentro tem tanto a aprender.

É mais sobre enxergar do que propriamente ver.

Às vezes é sobre o desejo de compartilhar. A pipoca no cinema, o canto no sofá. Os sonhos, as incertezas, as séries e as conversas de bar. É entender que quando um gosta de cerveja, o outro gosta de chá. Porque também é sobre respeitar.

A opinião, o lugar de fala, o sentimento e a história. É deixar o outro falar.

É sobretudo dividir o espaço sem faltar nem sobrar.

Às vezes é também sobre errar. E tentar acertar. É entender que haverá falhas e discussões, mas não ser tóxico nas relações. É sobre não exigir perfeição. É ter cuidado, ser cuidado e cuidar.

Abrigar o mais íntimo do outro em si e ser capaz de também se doar.

É sobre se conectar.

Às vezes é sobre o afeto que faz falta. No final da noite, no começo do dia. É paradoxalmente se sentir completo e ainda assim sentir falta da euforia. Porque às vezes sobra tanto. Num só corpo, numa só voz, num só canto.

É ter vontade de transbordar para além de si e encontrar para além do eu.

É tão singular. E ainda assim querer ser seu.

Às vezes é só carência. Saudade, quem sabe. Do vivido e do não vivido. Do que passou e poderia ter sido. Do que nem chegou no fundo e apenas se encantou com qualquer feito. É tentar com muito impulso e perceber uma hora que não se trata de força – mas de jeito.

É não se aperrear.

É sobre ter urgência e ainda assim saber esperar.

SÓ É LEVE QUEM TEM ASAS?

Hoje é quinta-feira e o cansaço me consome.

Me dá uma notícia boa. O mundo vai tão mal. Pergunta como eu estou pelo zap. E talvez eu te responda que a vida às vezes acontece rápido demais e nem sempre estamos no mesmo ritmo.

Eu só peço um pouco mais de calma.

Dias inquietantes perturbam a paz tão almejada. Eu olho pro céu e vejo as folhas sendo acariciadas pelo vento. Eu quero isso. Eu paro por um minuto no quintal da minha casa para observar os pássaros que voam em bando. Eu quero aquilo.

Fecho os olhos e respiro fundo.

Tem chovido. Frio matinal, preguiça tomando conta dos lençóis e espirros. A rinite acorda junto comigo. Eu nunca me dei bem com a umidade. Tem coisas que a gente simplesmente aprende a lidar.

Lá fora faz barulho e aqui dentro eu só quero silêncio.

Silêncio para eu poder me ouvir e me entender. Arquitetar minhas versões para caber em dias em que o coração acelera. Arrumar a bagunça que fica quando a ansiedade resolve se hospedar.

Na última semana ela tem me feito companhia.

PÉS CANSADOS TAMBÉM ANDAM

Precisei abrir mão de algumas certezas para perceber que mais vale um mergulho no mar num fim de tarde de domingo do que nadar contra a correnteza de uma semana inteira – tentando alcançar lugares que não levam a lugar nenhum.

Precisei tirar os sapatos que calço todo dia e deixar meus pés nus diante da areia quente e da brisa fresca. Nessa hora eu entendi que há contatos que vão além daqueles da nossa lista de WhatsApp. A conexão com a natureza é mais genuína que o wi-fi.

Precisei me reconstruir a cada dia dessa semana para entender que há momentos, pessoas e situações com os quais, por mais que eu tente, não saberei lidar. Então tive que tentar me convencer que tudo bem. Eu ainda tenho muito a aprender e não preciso carregar o mundo nas costas.

Precisei priorizar minha paz de espírito ao invés da razão – ou da ideia de razão. Porque nem sempre estaremos com ela e nem sempre ela vence. E mais uma vez disse a mim mesmo: tudo certo. Fiz o meu melhor – ou pelo menos tentei.

Precisei olhar para o céu, respirar fundo e dar um gole na caneca de café que eu tinha em mãos para extrair de mim o mais humano que posso doar ao mundo. Esse ser cheio de inquietações, imperfeições e limitações – mas que ainda assim é capaz de ser gentil, bondoso e compreensivo.

QUADRO

entra
a porta está apenas encostada

estou aqui arrumando minhas fragilidades
que insistem em querer fugir
saio por aí catando cada fragmento que de mim escapa

sinto muito
sinto tanto

e talvez sentir demais esgote os espaços
desse corpo que também é lar
faço de mim moradia – dessas capazes
de abrigar sentimentos ciganos

quem me
define?

sou frágil como o vento
que é sopro, brisa, ventania e tempestade

rasgo minhas asas
ao tentar abri-las

porque até voar tem um preço
alto como o céu, vasto como o oceano,
arriscado como os olhos fechados

guardo anseios em potes abarrotados
que dividem a prateleira acima da cama
com discos e porta-retratos

a ansiedade é só mais um quadro
que eu pendurei na parede do meu quarto.

JORNADA

Vai. Mas vai sem pressa. Aliás, para que a pressa? Tem largadas que não levam a lugar nenhum. Pelo contrário: cansam, desgastam e enfraquecem. Às vezes é preciso entender seu próprio processo, cuidar da sua dor, abraçar-se com afeto e compreender seu íntimo. Nem sempre é sobre chegar em primeiro ou ser o favorito.

Às vezes é só sobre você.

Você e seus calos, você e suas cicatrizes, você e todo o entendimento de quem sabe o que já passou. Alguém capaz de construir grandes coisas e ainda assim, por vezes, se sentir pequeno. Demonstrar fragilidade enquanto te pressionam por agilidade. Porque tem horas que você cansa de sustentar o papel de forte e preparado o tempo todo.

Enquanto os outros dormem, você também precisa de uma boa noite de sono.

É preciso priorizar sua paz de espírito, que muitas vezes é abalada por pessoas, sentimentos ou situações que – no final das contas – não valem a pena. Porque depois tudo passa como um furacão e resta apenas você tentando juntar os fragmentos daquilo que ficou.

E demora juntar pedacinho por pedacinho.

Então não se cobre tanto. Não jogue sal nas suas feridas. Não exija de si perfeição. Dê o seu melhor, mas em nenhum momento se subtraia por isso. Saiba dosar fragilidade e força, porque ambas te dão equilíbrio. Você não precisa ser mais para os outros quando já está sendo suficiente para si.

Jornada é toda a história que você está escrevendo. E assim como em qualquer texto, haverá erros.

MENSAGEM VISUALIZADA

é difícil evitar o que sabemos que, no fundo, é inevitável.
sejam começos, sejam finais. sejam idas, sejam vindas.

seja uma notificação recebida.

tem horas que é preciso compreender
que lugar a gente está ocupando.
onde eu posso caber nisso tudo?

a pergunta paira no ar.

quando digo caber, falo de mim
e de toda a minha intensidade.
eu e esse tamanho de quem se expande
acreditando que há espaço.

e às vezes não há.

eu me perco quando sobro demais.
tropeço nas minhas fantasias.
e talvez seja isso que eu acabo fazendo – o tempo todo.

fantasiando uma realidade só minha.

me apego a ilusões que eu nem
chamaria de falsas, mas fictícias.
o roteiro já vem pronto na minha cabeça.

o coração que lute.

mas hoje estou cansado.
e talvez só o travesseiro me entenda.
levanto no meio da madrugada e
ainda penso o inimaginável.

porque às duas da manhã quem está comigo sou eu.

eu e os ponteiros do relógio quebrado na parede da sala,
que já não fazem mais tique-taque.
barulho, só o que vem de dentro.

é alto – mas eu preciso dormir.

CINCO SENTIDOS

O mundo está girando rápido demais. Vai arrastando o que vê pela frente. Sai do meio, sai do foco, sai do olho do furacão. Atrás vem gente. Falando alto, gritando aos berros, chorando aos prantos. Já não conhecemos o som do silêncio.

Monopolizaram a boca e atrofiaram os ouvidos.

Falamos muito, escutamos pouco. Os sentidos já não se equilibram. Tropeçam em egos inflados e inflamados. O olho da inveja é grande. Falta tato, falta pele, falta afeto. O mundo cheira a desgraça e tem gosto de fome.

A boca que só lamenta engasga com a própria saliva.

O faro que não se engana se deixa levar pelo aroma doce da ilusão. Estamos rindo para não chorar. Mas até quando? Contamos a piada até que ela se esgotou. Já não há mais graça. E talvez o único palhaço que ainda ri seja aquele que usa terno bem do alto do Planalto.

Ele e todo o seu circo de horrores.

Estamos esgotados. Cansados de explicar o óbvio para ouvidos que não querem entender e de mostrar os fatos para os que se fazem de cegos e não querem ver. Porque uma hora até o coração mais compreensivo salta de um peito exausto de tanto que já bateu na mesma tecla.

Seguimos sentindo, procurando um sentido.

CLAVE DE SOL

é curioso como o tempo passa
e algumas coisas
já não fazem tanta falta
escrevo "coisas", mas o pensamento lê "sentimentos"
algumas músicas já não fazem mais sentido
pelo contrário
você enjoou de ouvir
finalmente aprendeu que não se vive de dó
quando se pode ter o ré, o mi, o fá
e o sol
e o lá, que você ainda não vê
mas um dia ainda toma nota e cai em si
por enquanto, ainda guarda, com certo carinho
o que ficou
porque sempre fica, nem que seja uma lembrança perdida
que você deixa empoeirar, e fica ali, esquecida
acha até que combina com o restante da bagunça
afinal, ainda há espaços vazios na prateleira
onde caberia uma vida inteira
a camisa, que foi presente, começou a desbotar
e talvez, perdendo a cor, já não haja mais volta
como o livro lido que, por mais que seja revisitado,
perdeu o encanto de quando foi ganhado
ainda que fosse o seu favorito
porque algumas histórias se perdem mesmo no agora

tiveram um passado
mas o futuro já era esperado
você ressignificou até seus gostos
expectativas, antes criadas, agora se desmancham
na água e no nada
foi tudo uma fantasia, assim, da noite pro dia
sobra você, redescobrindo suas camadas
regando, escrevendo e fazendo arte
sabendo que o sol arde
e, se não agora, mais tarde.

NA DÚVIDA, FAÇA O BEM

Numa conversa casual, uma vez perguntei a uma amiga se valia a pena ser alguém do bem, porque às vezes tenho a sensação de que pessoas boas sofrem mais. Lembro, mais ou menos, que ela me disse que o importante era a gente fazer a nossa parte. Errada ela não está. Mas esse é um questionamento que vez ou outra ronda meus pensamentos nas noites em que o sono demora a vir.

O travesseiro me faz pensar se há culpa em ser bom.

Vou além: a gente é bom genuinamente ou bom esperando algo em troca? A bondade é uma permuta? Será que vale a pena eu me doar por algo ou por alguém que não é capaz de fazer o mesmo? Calma, não são perguntas de Enem. Por incrível que pareça, conseguem ser ainda mais complexas.

Parodiando Nelson Rodrigues, toda bondade será castigada.

Porque é isso que o mundo está fazendo. Engolindo as pessoas e o que elas têm de melhor. Ou o que elas poderiam dar de melhor se muitas vezes o sistema não as obrigasse a pensar ao contrário. Ele nos faz refletir sobre nossas atitudes e questionar se compensa todo o esforço de tentar acreditar no bem em um mundo que vai tão mal.

Na balança da vida, somos juízes e réus o tempo todo.

Ainda assim, termino esse texto acreditando que ainda vale a pena levantar da cama e doar ao mundo a nossa melhor versão. Que não precisa ser perfeita e que tampouco será isenta de erros. Mas nada disso impede que possamos colocar em prática no dia a dia a gentileza, a empatia e, sim, a bondade. Nunca fui muito de acreditar em carma, mas penso que fazer o bem ainda pode nos levar longe.

Ainda que algumas vezes a gente não consiga ver.

É SOBRE ISSO

Estar bem, nos últimos tempos, é quase um privilégio. O famoso "e tá tudo bem" virou meme, frase feita de internet, panos quentes que a gente joga em cima dos problemas, pomada que a gente passa esperando que o machucado sare. Afinal, estamos tão esgotados que é mais fácil tentar se convencer de que está tudo bem do que expor as fraturas.

Na verdade, estamos no limite. Não no reality de TV, mas na realidade da vida. Frágeis, vulneráveis e ansiosos, diante dos descasos do governo, da falta de empatia, da violência que assombra, da esperança escassa e de uma pandemia longe de acabar, principalmente para o brasileiro. Cada dia um 7 a 1 diferente.

Uns rezam, outros oram, uns pregam, outros choram. Cada um se agarra a sua fé, do jeito que pode, da maneira que consegue, tentando encontrar forças para ficar de pé – mesmo diante do vento que ameaça derrubar as estruturas. Ansiamos pela brisa, mas às vezes somos surpreendidos pela tempestade.

Os dias vão passando e, junto com eles, a sensação de tempo perdido. Olhamos no espelho e enxergamos olheiras que não estavam ali antes, fios de cabelo branco e arrependimentos. Lembramos do abraço não dado, do "eu te amo" não falado, do grito silenciado, dos amores não vivenciados e de tudo que o tempo está levando e – provavelmente – não trará mais.

Eu quero muito acreditar que vai ficar tudo bem. Afinal, é o que todos queremos. Mas está tão difícil escrever sobre otimismo que hoje permiti deixar minhas angústias falarem. Talvez, com o tempo, tudo isso se torne cicatriz. Contudo, hoje eu precisei arrancar o band-aid e expor a ferida.

PRA FRENTE É QUE SE DANÇA

pra todo recomeço, um passo
dois, três

eis que vira uma dança

porque recomeçar requer agilidade, fluidez e leveza
e às vezes é difícil parar de rodopiar

correr em círculos não leva a lugar nenhum

encontra a si e se deixa ir
vai descompassado mesmo, com os pés em carne viva

leva o corpo e a alma

o vento pede um abraço e a maré está secando
sair da concha é ter coragem de encarar a luz

o dia que nasce arde os olhos dos desavisados

recomeçar é um começo em movimento
como um passo de dança repetido até atingir o domínio

cai, levanta, vibra, cansa, insiste, erra, tenta e acerta

antes de parar, permita-se ao menos tropeçar
a inércia dos dias é que te prende ao chão

é preciso perder o medo para achar o equilíbrio.

QUINTA-FEIRA **175**

VOLTE DUAS CASAS

Se a vida fosse um jogo de tabuleiro no qual a gente só avançasse quando evoluísse enquanto pessoa, muita gente ainda estaria parada no mesmo lugar. E fato é: algumas estão constantemente voltando duas casas. Não que dar um passo para trás seja um problema, afinal estamos em constante aprendizado. Mas não adianta ficar voltando sempre para o início e não perceber onde está errando.

Contudo, há quem diga que a vida não é um jogo. Tudo bem. Hoje eu também acredito que a vida é subjetiva demais para se limitar a regras, perdas e conquistas. Não há um roteiro, uma receita, uma fórmula e muito menos um manual de instruções. Pensemos então a vida como um caminho, uma trajetória, uma estrada com paus, pedras, flores e espinhos. Um sentido que a gente atribui aos dias.

Aposto que você já se perguntou para onde está rumando. Isso importa? Sim. Mas é preciso também que nos indaguemos sobre a forma como estamos pisando no solo, sobre o jeito como estamos tratando o próximo, sobre a plantação antes da colheita, sobre os pés cansados e os calos, sobre as feridas e as cicatrizes; e sobre entender que tudo faz parte de um processo de conhecimento e compreensão – de si e do outro.

Vai haver erros? Claro. Mas eles não precisam se repetir. E, se assim for, que a gente possa, no mínimo, enxergá-los e buscar fazer diferente. É necessário entender que errar faz parte; mas que procuremos tentar acertar. É fácil falar e difícil colocar em prática? Com certeza. Todos temos nossas falhas, defeitos e imperfeições e eu não tenho como chegar aqui e exigir algo que para mim também é um desafio. Mas viver também é isso.

Diante de tudo pelo que estamos passando, repensar a caminhada é vital. Viver pede cuidado e – mais do que nunca – está pedindo socorro. Se for para crescer enquanto ser humano, volte quantas casas for preciso. Mas entenda que a vida é cíclica, está em movimento e uma hora precisamos começar a evoluir junto com ela. Não pelo simples fato de avançar, mas pela necessidade de melhorarmos enquanto pessoas.

CALEIDOSCÓPIO

Ao longo da vida, quantas versões de nós mesmos vamos colecionando? Afinal, somos múltiplos, vários, fluidos. E engana-se quem acha que só tem uma versão de si. Lembrando que não estamos falando de essência – essa talvez seja única – mas da metamorfose que é crescer, transmutar e ter que encarar os diversos papéis da vida real. Como um caleidoscópio com sua infinita combinação de cores, nuances e formatos – e ainda assim um único instrumento.

A cada dia aprendo que somos capazes de abrigar versões de nós mesmos que ainda nem conhecemos. Isso porque o malabarismo do dia a dia nos exige a capacidade de nos reinventar a cada queda, a cada perda e até mesmo a cada conquista. Como já diria Caetano Veloso, é a dor e a delícia de ser o que é. Porém, diariamente, estacionamos dentro de limitações impostas pelo tempo, pelo espaço, pelo outro – e deixamos que isso molde uma versão pré-fabricada de nós mesmos. E pior: fadada a não explorar as tantas outras camadas que nos habitam.

Somos capazes de vestir diferentes peças num único corpo e ainda assim não deixar de ser quem somos. Mas repare como você talvez já não goste de uma camisa que comprou há um ano, não escute os mesmos discos, não lembre mais de algo que você jurou não esquecer, não olhe mais para aquele problema como se não tivesse solução. Enfim, tudo isso é você, foi você e contribui de alguma forma para o que você ainda pretende ser.

Eu, por exemplo, hoje já me vejo diferente de um ano atrás. Talvez ainda com manias semelhantes, gostos iguais e defeitos e qualidades em construção. Contudo, percebo que a maturidade me faz cada vez mais me encontrar como escritor e me enxergar como jornalista. Os papéis continuam os mesmos, mas eu não. E isso é ótimo e lindo. Um dia, quem sabe, eu volte a pintar – igual a como eu fazia quando era criança... Nossa, e como eu gostava!

SE ESQUECE UM AMOR?

Tem dias que eu sento diante do computador e olho para a tela em branco. Pausa. Passo horas tentando entender sobre o que escrever. O que pulsa querendo sair? Às vezes a saudade, outras, a ansiedade.

Mas hoje me lembrei de uma moça
que uma vez perguntou:
"Que tal falar dos amores esquecidos?"
Eu pensei e respondi:
"Quem sabe um dia."

Naquele momento eu entendi que todo mundo encara vez ou outra uma folha em branco diante de si, esperando ser preenchida. Daí nascem as cartas de amor, bem como os e-mails de despedida.

E os amores esquecidos?
No meio de tudo isso.

Entre o lápis e o rascunho, entre a tecla e os caracteres, entre a tinta e a tela. O amor já não é lembrado quando não se sabe mais o que fazer com ele. Mesmo tendo-o nas mãos.

Ao olhar mais uma vez a mensagem daquela moça, vejo que ela ainda completou dizendo:

"Fala dos amores que esqueceram de amar."
Dou um risinho de lado e me pergunto:
"Até que ponto é amor, se ele já foi esquecido?"

Talvez tenha ficado apenas guardado no emaranhado de memórias da cabeça e em meio aos escombros do coração. No mais, é a lembrança que ainda cabe no hoje, mas que talvez já não tenha espaço dentro do amanhã.

Moça, confesso que não sei te dizer ao certo para onde esse amor vai, em que circunstâncias ele sobrevive ou por que simplesmente ele foi esquecido. Eu não sei se ele ainda recorda o nome da tua rua, o número da tua casa ou o teu jeito de sorrir.

Só não esquece de se amar – e o que for para ser, será.

SENTIR

Às vezes sentir é do tamanho de um céu estrelado. Imenso, intenso e infinito. Tem dias que o que sentimos quase não cabe dentro de nós. Como se cada estrela disputasse toda a geografia do nosso corpo – que é céu, que é mar, que é órbita.

E tudo gira.

E ofusca, e arde, e esperneia querendo sair.

Tem horas que a gente explode – como asteroide, como vulcão, como balão. E talvez só na explosão conseguimos tatear o que sobrou e é ali que a gente se encontra.

Ressurgimos das cinzas, da poeira, do caos.

E novamente nos entregamos a novos sentidos – refazendo caminhos, explorando o desconhecido e habitando as partes que ainda nos abrigam no final da noite.

No cair da madrugada quem está comigo sou eu.

E continuo.

No amanhã, no ser e no amanhecer.

Dia desses eu li uma frase do Raul que dizia: "Cada um de nós é um universo".

E é.

O que mudam são as constelações.

Sentir é como uma estrela. Capaz de explodir e, ainda assim, brilhar.

ÀS VEZES ESTÁ NOS DETALHES, SABE?

no bom-dia às cinco da manhã
quando você nem tem acordado
no cabelo em pé e no olho quase fechado
no banho frio, no café quente
no carro do ovo que passa na rua estridente
no feijão que desde cedo está na panela
na vida que passa fora da janela

às vezes está nos detalhes, sabe?

naqueles que você nem vê
não presta atenção, não dá a seta, não pega na mão
nos lugares inimagináveis
nos amores incuráveis
nas reticências, nas entrelinhas
nas vezes em que você achou que
tudo não passou de fantasia

às vezes está nos detalhes, sabe?

num simples caminhar
no jeitinho de sorrir, olhar e falar
nas palavras certas quando mais se precisa
na mensagem visualizada... e respondida
no quando, no onde, no como e no porquê
em tudo que poderia ser e que só depende de você

às vezes, quase sempre, vez ou outra
está nos detalhes, sabe?

FORA DOS STORIES A HISTÓRIA
PODE SER OUTRA

"Efora dos stories, você tá bem?" Esse foi um questionamento que viralizou nas redes sociais uma vez e que nos faz refletir – principalmente nos tempos em que estamos vivendo. A verdade é: nem todo mundo está bem o tempo todo. Por mais que muitas vezes tentemos esconder a realidade por baixo de um filtro.

Antigamente era comum as pessoas usarem diários para escrever como foi o dia. Atualmente, com a redes sociais, mostramos nossas rotinas através de posts com fotos, vídeos, frases etc. Se antes era tudo guardado a sete chaves, hoje fazemos questão de expor desde nosso bichinho de estimação até o que comemos no almoço. O privado nunca esteve tão público!

Mas há algum problema diante de toda essa exposição? Eu estaria sendo hipócrita se dissesse que sim. O contexto digital já domina grande parte do globo. Estamos conectados o tempo todo. Encaremos o fato: a vida real agora também acontece dentro da internet. Mas deixando claro: nem tudo que está na internet condiz com a realidade. Entender isso é crucial – para nossa saúde mental e para a de quem está do outro lado da tela.

As redes sociais e os posts dos outros acabaram se tornando um espelho no qual as pessoas projetam um ideal de vida pré-fabricada – "feliz" e "perfeita". Mas nos stories da vida real a história pode ser outra. Não há problema em publicar os registros de uma viagem do final de semana, um boomerang na academia ou uma frase motivacional. Só não podemos achar que a vida do outro se resume a isso, nem tampouco fazer disso tão somente um estilo de vida.

Tem como olhar para o mundo hoje – neste momento – e estar totalmente bem diante de tudo o que está acontecendo? Não. Mas cada um sente à sua maneira. Em tempos de pandemia de um vírus letal, catástrofes globais, grupos extremistas no poder e governo Bolsonaro, estar bem é quase um luxo. Não podemos tomar todas as dores do mundo, nem tampouco fingir nossas fragilidades vinte e quatro horas por dia. Afinal, ainda não há filtros que maquiem o que vem de dentro.

EXPECTATIVAS

Notificação. Alguém respondeu meu story. Quem abriu não fui eu – mas minha expectativa. É isso aí, para um ansioso a expectativa é quase um bichinho de estimação que alimentamos e que, vez ou outra, é capaz de morder a nossa própria mão.

Já deu de comer a sua expectativa hoje?

É engraçado todo esse lance de esperar por algo que não depende unicamente de nós. Seja uma mensagem, uma atitude, um afeto. Criamos expectativas o tempo todo, sobre nós e sobre o outro. Deixa de ser engraçado quando a realidade se mostra diferente.

De quem é a culpa?

No meio desse campo minado há quem consiga ultrapassar pisando em ovos, com todo o cuidado do mundo para não dar um passo em falso. E há simplesmente os que depositam todas as suas fichas em algo – ou em alguém – e pagam para ver.

Quanto custa uma frustração?

As expectativas também moram nas viagens planejadas, nas metas traçadas, nas paixões desejadas. No rolê do final de semana, na entrevista de emprego no final do mês, nas preces de fim de ano. Bem aqui, tomando chá e esperando o que virá.

Quanto vale a espera?

Criar expectativa é foda! Essa é que é a realidade. Causa inquietação, agitação, perturbação – em um peito que muitas vezes não consegue suportar tudo isso. Tem horas em que é preciso trocar o sufoco pelo sossego. Assim mesmo, sem esperar nada.

Afinal, o que a gente tanto espera?

É claro que não vai ser de um dia para o outro que vamos aprender a viver mais e a esperar menos. Tudo isso faz parte do nosso processo. É lento, é singular, é doloroso – mas uma hora a gente entende que tanto momentos quanto pessoas têm o seu próprio tempo.

Qual é a boa do fim de semana?

QUAL É A TUA?!

Um dia desses vi um post no Instagram que dizia que responsabilidade afetiva tem a ver com ser transparente, não recíproco. Fato. É preciso haver transparência em nossas relações, desde o momento em que se conquista até depois. Mais do que corresponder ao que outro deseja, é sobre deixar claro o que ambas as partes estão sentindo.

Num conceito mais literal, responsabilidade afetiva é quando nos responsabilizamos pelas expectativas e sentimentos que criamos no outro. É cativar, mas sem manter os sentimentos em cativeiro. Pelo contrário, é ter a liberdade de saber exatamente até onde você pode ir. Por isso, não se demore onde você não pretende ficar.

Pode-se dizer que responsabilidade afetiva está diretamente ligada a empatia, ou seja, se colocar no lugar do outro antes de qualquer coisa. E a parte mais "difícil" está exatamente aí. Mas por quê? Por que é tão complicado sermos transparente com nossos sentimentos? Por que nos iludimos? Por que nos desgastamos? Por que não deixamos claro aquilo que sentimos e, principalmente, aquilo que não sentimos?

Às vezes, quando achamos que estamos poupando o outro de sofrer, acabamos causando não só o sofrimento da outra pessoa, mas também o nosso. E não, você não é obrigado a dar aquilo que não tem, mas também não deve prometer aquilo que não pode. E, sim, muitas vezes nos deixamos iludir por fantasias que nós mesmos criamos, mas não precisamos nos culpar quando o outro tiver dado a entender que queria algo a mais.

Tudo é uma questão de equilíbrio, comunicação e conexão. É fácil? Lógico que não! Seria até simples, se se tratasse de uma fórmula. Mas se administrar os nossos afetos já é difícil, imagine saber lidar com os do outro! É uma questão de convívio, de atenção, de troca, de diálogo e – sim – de concessão. Afinal, qualquer relação, seja ela romântica ou não, envolve mais de uma pessoa, portanto, é preciso que o con[sentimento] seja mútuo. E a responsabilidade também.

E SE NÃO EXISTIREM ALMAS GÊMEAS?

Ainda meio sonolento, encarando a água do chuveiro numa segunda-feira de manhã – não sei se pelo excesso de sono ou pela falta de café – me veio à mente: e se não existirem almas gêmeas?

Aliás, existem? Por que estamos condicionados a idealizar a pessoa "certa", "perfeita" e "pro resto da vida"? E se a certa nunca chegar? Por que todas as outras seriam erradas? E como saber se eu sou o certo para a pessoa certa?

Tem gente que de fato encontra uma pessoa e vive com ela por anos, quem sabe até morrer. Mas também há outras que podem jurar que encontraram a alma gêmea e não durarem um mês.

Às vezes penso que não se trata apenas de tempo, nem tampouco de certezas. Não é um jogo de dardos em que a gente lança até acertar. É mais sobre conexão e menos sobre achar o "amor da vida", sabe?

Talvez alma gêmea só exista na música de Fábio Jr. Nessa coisa brega da metade da laranja. No mais, somos apenas almas tentando nos conectar umas com as outras, de formas diferentes, com desejos semelhantes.

E talvez, por acaso, destino ou Universo, a gente esbarre com alguém, qualquer dia desses, na fila do pão, da lotérica ou do posto de saúde, e essa pessoa vai valer a espera,

QUINTA-FEIRA **191**

vai se encaixar como um quebra-cabeça, vai dividir o sofá, a cama e a conta do Spotify.

Ou não... Simplesmente ela pode ir embora da mesma forma como chegou, mesmo tendo cumprido tudo o que prometeu. E não necessariamente haverá culpados, nem tampouco inocentes. Haverá duas pessoas que já não se querem mais. E a vida segue.

Segue exatamente porque não há certeza de quem vai permanecer. É por isso que talvez seja uma ilusão acreditar que tal pessoa ou até mesmo você preencherá todos os pré-requisitos para ser o amor da vida de alguém.

E não é porque não durou uma eternidade que não tenha sido amor. A pessoa certa é aquela que está no momento certo. No mesmo ritmo, compasso e frequência. Mas às vezes a música acaba e a dança pede um novo par.

IMPERFEITOS

imperfeitos são os corações daqueles que sentem muito.
daqueles que sentem que a perfeição
é inatingível – quase estranha.
daqueles de quem a bagunça é bem mais íntima.

imperfeitos são os que choram quando
tolos riem sem saber por quê.
afinal, rir de tudo não é desespero?
dosar o riso e a lágrima é conhecer
a alegria e a dor de ser o que se é.

imperfeitos são os que estão acordados na madrugada.
calados nem sempre vencem.
há corações que gritam em silêncio no escuro.

imperfeitos são os que levantam cedo,
ainda que tomados pelo sono.
o espelho denuncia a remela
no olho e o cabelo bagunçado.
o dia começa com o frio do chuveiro e o quente do café.

imperfeitos são os que tentam e tentam e tentam
que nem sempre conseguem ou ganham ou acertam.
tentar é o meio, é o caminho, é o verbo.

imperfeitos são os que dançam
embriagados no meio da rua.
os que cantam alto a felicidade fora do tom.
sem vergonha, sem equilíbrio, sem o peso sob os pés.

ENQUANTO VOCÊ NÃO VEM

Enquanto você não vem, eu continuo ouvindo as batidas do meu coração, no silêncio da solidão, às três da madrugada. O outro lado da cama segue vazio. Encaro o telhado com olhos de insônia, como quem busca no breu qualquer chama, mas ninguém me chama, nenhuma boca pronuncia meu nome e nenhum ouvido é capaz de me escutar.

Enquanto você não vem, o meu sextou é um filme qualquer. O catálogo da Netflix está ficando pequeno demais. Já o sofá da sala é imenso para uma pessoa só. Caberiam duas vidas inteiras, baseadas em fatos reais. Ainda contarão nossa história, mas por enquanto ela é só o esboço de um roteiro com um protagonista à espera.

Enquanto você não vem, eu encho minha estante de livros, talvez tentando te encontrar em algumas destas narrativas. Tentativas falhas, eu sei. Porque tentar te achar em páginas de romances seria idealizar alguém que coubesse dentro de um final feliz numa prateleira empoeirada. Mas você é um instante solto no meio da rua, no qual a minha vida – ainda – não encostou na tua.

Enquanto você não vem, as músicas do Jão continuam fazendo sentido, como as noites de porre e as manhãs de domingo. A tequila dança da garganta ao estômago, enquanto os olhos passeiam pela noite da Broadway tentando achar na multidão o rosto mais próximo do que seria você – até não encontrar.

Enquanto você não vem, os dias seguem passando, e eu já não sei se o certo é continuar aguardando pela vaga esperança de um alguém assim. Aliás, já nem sei mais o que é certo, então talvez eu nunca te encontre no meio de certezas. Quem sabe seja você quem me veja – perdido no meio de um poema qualquer.

AMORES DORMEM, MAS NÃO MORREM

Às vezes penso que há amores que não se superam. Ficam guardados em algum canto. Da mente, do coração. Adormecidos por um tempo. Vez ou outra abrem a boca como quem desperta de um longo sono. Alguns até acordam, outros voltam a dormir. Mas estão lá. Só esperando o próximo gatilho.

Porque até uma canção que toca na rádio, às 7h da manhã, é capaz de acordar esse sentimento. Porque até uma foto postada no Instagram no começo da tarde pode reacender cores até então esquecidas. Porque até o vazio do lado esquerdo do sofá sente a falta daquele alguém que esteve ali com você vendo um filme no final da noite.

E uma hora tudo aquilo que fazia sentido se ressignifica. As cores, as dores e os próprios amores. Uns se vão, outros se transformam, mas alguns ainda permanecem – de alguma forma. Latentes em noites de insônia, loucos depois de um porre, vivos quando você achou que já estavam enterrados.

Às vezes quero acreditar que há amores que se superam. Que não precisam necessariamente morrer, mas também não devem estacionar num coração que necessita seguir em frente. Uma hora ou outra será preciso soltar as mãos, desatar os laços, parar de olhar os stories. O amor quem sabe deixe espaço para uma outra coisa nascer ali.

QUINTA-FEIRA **197**

BASEADO EM CONTOS REAIS

tinha um moço que conversava
altas horas da madrugada
enquanto o tempo passava
a ansiedade aumentava
enchendo o rapaz de agonia
daquilo que ele desconhecia

tinha uma moça que se preparava
pra sexta-feira que chegava
de cropped, saia midi e rasteira
queria mesmo era não dar bandeira
de que estava se apaixonando
por alguém que não estava nos planos

tinha uma senhora que correu pra calçada
no meio de uma tarde ensolarada
depois de ouvir o barulho de um avião
achou que ele viria ao chão
foi só um susto! logo passou
e também a aeronave, a tarde e o pavor

tinha amigos planejando viajar
o réveillon, quem sabe, na praia passar
mas o sonho ficou pro ano que vem
assim como metas e amores – amém!
há coisas que só o tempo dirá
e a receita é ir vivendo até lá

tinha um eu que sempre esperava
por algo, alguém, tudo ou nada
segurando as mãos da expectativa
fiz dela amiga, confidente cativa
um dia quem sabe me libertarei
de certas fantasias que eu mesmo criei.

INTERESSE ACABA?

Na moral, assim na lata: interesse acaba? Uma simples pergunta que surgiu numa mesa de bar em um sábado à noite e se arrastou até a pausa para o café no trabalho. Afinal, o interesse tem prazo de validade? Quem sabe... Talvez se transforme em outra coisa ou simplesmente não faça tanto sentido com o passar do tempo. Talvez nunca tenha feito. Talvez sempre faça.

Engraçado, mas você já se perguntou o que te faz se interessar por alguém? Porque daí pra frente é só ladeira abaixo... Brincadeira! É o primeiro passo para o gostar, no qual alimentamos expectativas que podem vir a ser rasas ou podem ser correspondidas (pois é, às vezes acontece!). E daí começam a paixão, o amor e tudo o que vem depois.

Mas e o interesse? O grande cerne da questão aqui é ele. É capaz de durar até quando? A vida toda? Ou até surgir um novo alguém? Vou além: será que aquele alguém que não corresponde ao que sentimos pode ser substituído por outra pessoa ou estamos fadados a deixar o tempo agir? Deixo aqui estas perguntas para o universo. Quem souber responder, me manda no zap.

Eis a fragilidade deste texto: ele mais pergunta do que responde. As inquietações que sacodem este autor podem também estar dançando na mente de você que me lê. Afinal, uma hora ou outra, é compreensível se perguntar até onde vai o nosso interesse, até quando vamos gostar de alguém – seja só por mais um dia, seja a vida inteira.

ABRIGO

A atenção é uma coisa muito bonita, né? Estar atento ao jeito como a pessoa fala, ao modo como ela sorri, ao brilho do seu olhar. Ouvir o que ela tem a dizer, esperar ela digitar. Rir juntos de um meme da internet, assim como de uma fofoca do trabalho. Se interessar pelo mundo do outro e saber que o interesse é recíproco.

É na atenção que mora a intimidade.

Acredito que não haja algo mais encantador do que o afeto, principalmente quando ele é retribuído. Quando chega em forma de carinho, ainda que nos pequenos detalhes. Às vezes o mínimo de atenção é o máximo que o outro espera. Mas é preciso que venha livre – sem pressão, sem cobrança, sem obrigação.

É na simplicidade que reside o querer.

E é pelo simples fato de demonstrar interesse que nos deixamos levar. Mergulhando fundo e, muitas vezes, sem saber nadar. Acreditando que uma mera reação no story pode mudar o dia. Às vezes pode ser real, outras vezes, fantasia. Porque há os que estão dispostos a tentar, bem como os que nem querem começar.

É na sinceridade que habita a responsabilidade.

Ser responsável com nossos sentimentos. Não podemos dar aquilo que não temos, muito menos exigir aquilo que o outro não pode dar. Quem se atrai são os dispostos, não os opostos. E não se trata de estar sempre disponível, mas saber que há alguém ali com quem podemos contar.

É na disposição que vive o partilhar.

AGORA

Agora o meu sonho foi realizado. E foi lindo compartilhá-lo com você. Cada verso, cada rima, cada parágrafo, cada história. Esse livro é feito de muito afeto. Assim como de inquietações, ansiedades e aflições. São páginas cheias de mim – do que penso, do que sinto, do que falo, do que sou. Mas acredito que, de uma forma ou de outra, também é um livro sobre você. E para você.

Desde 2018 eu me aventurei nessa jornada louca de ser escritor. Escrever para além do meu ofício de jornalista. Me desafiando a cada quinta-feira a produzir um texto – seja em prosa ou poesia – que dialogue com os meus sentimentos, bem como se conecte com o que sentem os meus leitores e leitoras. Porque a minha palavra não é apenas minha, mas também de quem acredita e de alguma forma se identifica com ela.

Eis que de lá para cá eu não parei mais. Já contando com centenas destas produções publicadas nas minhas redes sociais, decidi reunir cem textos neste livro. Passeando entre crônicas, poemas e contos, a obra personifica esse autor que te fala – com todas as suas manias, fantasias e alegrias, assim como suas paixões, emoções e ilusões.

Foi um prazer conversar com você. Espero que de alguma forma eu possa ter tocado seu coração e aberto a sua mente. Espero que você tenha rido, se emocionado, discutido, se questionado, refletido, se encantado. Quem sabe até se apaixonado... pelo livro, claro! haha...

Gratidão por me ler!

Este livro foi composto em ITC Berkeley Oldstyle Std sobre Pólen Soft 80g/m², para o miolo. Foi impresso em Belo Horizonte no mês de Abril de 2022 para a Crivo Editorial.